企业会计基础研究

郭 皓 著

吉林出版集团股份有限公司

全国百佳图书出版单位

图书在版编目(CIP)数据

企业会计基础研究 / 郭皓著. 一长春:吉林出版
集团股份有限公司,2023.8
ISBN 978-7-5731-4122-4

Ⅰ.①企… Ⅱ.①郭… Ⅲ.①企业会计 Ⅳ.
①F275.2

中国国家版本馆 CIP 数据核字(2023)第 160016 号

QIYE KUAIJI JICHU YANJIU

企业会计基础研究

著 者	郭 皓	
责任编辑	李 强	
封面设计	锦林图书	
出 版	吉林出版集团股份有限公司	
发 行	吉林出版集团青少年书刊发行有限公司	
地 址	吉林省长春市福祉大路 5788 号(130118)	
电 话	0431-81629808	
印 刷	定州启航印刷有限公司	
版 次	2023 年 8 月第 1 版	
印 次	2023 年 8 月第 1 次印刷	
开 本	710 mm×1000 mm 1/16	
印 张	14.25	
字 数	220 千字	
书 号	ISBN 978-7-5731-4122-4	
定 价	56.00 元	

Preface

　　知识经济时代，生产的知识化、资产的无形化和全球经济一体化，对会计人员的分析、判断和决策能力有了更高的要求。会计工作中不确定因素的增多、业务处理的多样化、会计管理职能的增强，都要求会计人员建立科学合理的知识结构与之相适应。在会计专业知识体系中，就地位而言，财务会计乃重中之重。企业会计是指通过对企业已经完成的资金运动全面系统的核算与监督，以为外部与企业有经济利害关系的投资人、债权人和政府有关部门提供企业的财务状况与盈利能力等经济信息为主要目标而进行的经济管理活动。

　　本书系统、深入地传授企业会计相关知识和技巧。全书共九章，内容涉及：会计综述，会计对象和会计要素，企业经济业务核算，会计信息的生成，固定资产与无形资产，存货，负债与所有者权益，收入、费用和利润，企业期末会计事项的处理等。本书内容丰富全面，供读者参考。

　　作者在编写本书过程中，参考和借鉴了一些知名学者和专家的观点及论著，在此向他们表示深深的感谢。

Contents

目 录

第一章 会计综述

第一节 会计与会计学

在手工会计模式下记载和传递会计信息的主要载体是会计凭证、会计账簿和会计报表,因此认识会计凭证、会计账簿和会计报表,是学习会计课程的入门要求。

一、认识会计凭证

会计凭证是记录人们日常生产、经营活动的重要工具之一,同时填制和审核会计凭证,是会计信息处理的重要方法之一,也是整个会计核算工作的起点和基础。下面是企业常用的各种单据。

普通发票(手工版)是常见的、也是传统的手工填写发票,其基本格式如图1-1所示。在大力推广机打发票后,对手工版发票要严格控制开具金额和使用范围,开具金额分为百元版和千元版两种。

重庆市××××公司发票

发 票 联

税务登记号:50010××02801×××　　　　　　发票代码:150××0651×××

地址:渝北区××街××号　电话:63729×××　　发票号码:00780×××

抄表日期:2017-01-16　　　　　　　　　　　单位:元/千瓦时

区号	0511	户号	1011	户名	重庆×××厂		
起度	6690	止度	10990	地址	××坝厂内		
类别	电量	单价	金额	类别	电量	单价	金额
城镇居民电费	4300	0.75	3225.00				
电费合计大写			⊙叁仟贰佰贰拾伍元整		小写		￥3225.00
备注			上次余额:0.00　本次余额:0.00				

收费日期:2017-01-16　10:46　　　　制票:王惠娟　　　　收费:王惠娟

图1-1　普通发票(手工版)样式

通用机打发票,于 2009 年以后被广泛推广使用,其功能与手工版普通发票一致,具体格式分为"平推式"与"卷式"两种,由开具单位根据业务特点选择使用,选择的一般原则为收费内容所列示的项目单一则选择"卷式"发票,否则选择平推式。图 1—2 所示的是平推式通用机打发票。使用机打发票,需要事前按《纳税人普通发票管理系统使用说明》进行安装调试。

增值税专用发票,是因对增值税的管理需要而设置的专用发票,在实际工作中将增值税专用发票分为"手工填写版"与"电脑打印版"两种,企业应按"国家税务总局关于修订《增值税专用发票使用规定》的通知(国税发〔2006〕156 号)"及其他相关规定选择使用哪种版本,其基本格式如图 1—3 所示。

重庆市国家税务局普通机打发票

重庆市电力公司	发票联	发票代码 150001151234
开票日期:2017—01—12 20:11:49		发票号码 16737518

户号　151769××20　　户名　尚××　　　抄表段号　591011××86

地址　渝北区龙溪街道办事处××路××号××栋 19 楼××室

应收电费　462.81

实收金额　(小写)463.00　(大写)人民币肆佰陆拾叁圆整　实收违约金　(小写)0.00

(大写)人民币零圆整

上次余额　0.59　　本次余额 0.78

计费月份　2017—01

应收电费明细:

用电类别	止数	起数	倍率	加减电量	合计电量	电价	金额
城镇居民生活用电(总)	2834	1944	1	0	890	0.4632	412.25

项目	电量	电价	金额	项目	电量	电价	金额
农网还贷	890	0.0200	17.80	公用事业附加	890	0.0200	17.80
库区移民基金	890	0.0083	7.39	可再生能源附加	890	0.0010	0.89
库区移民	890	0.0005	0.45	国家重大水利	890	0.0070	6.23

备注

单位　利安社区电超市　收费日期 2017—01—12　20:11:49 (收费单位公章略)

图 1—2　通用机打发票(平推式)样式

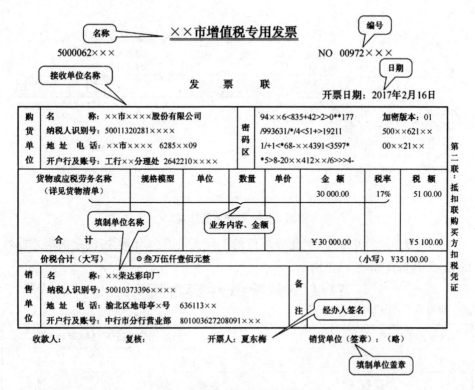

图1-3　增值税专用发票样式

　　现金支票与转账支票是企业(开户单位)向开户银行支取现金或者支付款项的书面凭据。图1-4是现金支票的格式,是采用中国工商银行的样式,适合所有的开户单位向开户银行支取人民币现钞时使用;图1-5是转账支票的格式,这也是采用中国工商银行的样式,适合开户单位办理人民币转账时使用。

图1-4　现金支票样式

图1—5 转账支票样式

差旅费报销单是企业、事业等单位的工作人员因公出差,按规定报销差旅费的凭证,其格式如表1—1所示。

表1—1 ×××股份有限公司差旅费报销单

报账日期:2017年2月26日

姓名	杨大木	职务	职员		出差事由		到杭州洽谈××材料采购事宜				
2017年			旅费金额								合计
月	日	途程	飞机费	火车及轮船费	短途车费	伙食费	住宿费		其他		
2	8	重庆—杭州	2380.00	36.00	54.00	320.00	720.00				3510.00
2	11	杭州—重庆									
合计			2380.00	36.00	54.00	320.00	720.00				¥3510.00
备 注		(金额大写)叁仟伍佰壹拾圆整									

批准人:朱地平 财务总监: 分管领导:李志 部门主管:牟 非 报账人:杨大木

收料单与发料单,是企事业单位内部自制的,用于购进材料入库或者领用发出材料填制的一种凭证,其格式如表1—2和表1—3所示。

在日常的会计核算活动中,除了很频繁地使用上述记录经济活动的单据外,还有一些专门供会计信息加工使用的会计凭证,即记账凭证。记账凭证是会计工作中对原始凭证记录的会计信息进行初步分类加工的会计专用凭证,一般有两种格式:表1—4是通用记账凭证格式、表1—5是专用格式记账凭证。

扣缴个人所得税报告表,是企事业单位作为扣缴义务人,履行代扣个人所得税义务后,定期向税务机关报告时使用的报表。其格式如表1-6所示。

表1-2 ×××股份有限公司

材 料 入 库 单

制单日期 2017年3月16日

供 货 单 位	重庆东琼汽车配件经营部	日期	采购	年 月 日		
			提货	年 月 日		
			入库	2017年3月16日		
			财务编号	2017-03-16		

序号	材料名称	详细规格	单位	数量	金额		
					单价	金额	总金额
发票	1134E分盒集成	大理木对孔	件	4	128	512	512
目录							
检验结果	检验员	2017年3月16日		备注	二车间 张世凯 领取		

材料稽核: 仓库验收:文 敏 提货:张世凯 采购:吴 心

表1-3 ×××股份有限公司

领 料 单

2017年2月20日

部门			一车间				材料编号	
							领料编号	
							发料编号	
材料名称	规格	单位	请领数量	实发数量	计划单价	总金额	材料账卡号	实物结存量
木板	1.7mm	张	10620	10620	2.00	21240		
用途: 机床安装领用				备注: 极板工段				
发料 年 月 日	发料主管	记账员	发料员	领料主管	材料员	领料人		
记账 年 月 日				李洁	赵国秀	王又军		

表 1-4 记账凭证

2017 年 1 月 1 日 　　　　　　　　　　　　　字第 001 号

摘要	总账科目	明细科目	借方金额										贷方金额										记账符号
			千	百	十	万	千	百	十	元	角	分	千	百	十	万	千	百	十	元	角	分	
收到投资	银行存款					6	2	0	0	0	0	0											
	股本	长安公司														6	2	0	0	0	0	0	
合计(大写) 人民币陆万贰仟元整			¥	6	2	0	0	0	0	0			¥	6	2	0	0	0	0	0			

会计主管：　　　　记账：　　　　出纳：　　　　审核：　　制单:秦东升

表 1-5 记账凭证

借方科目：银行存款 　　　2017 年 1 月 18 日 　　　　　银收字第 001 号

摘要	贷方科目		金额										记账
	总账科目	明细科目	亿	千	百	十	万	千	百	十	元	角	分	
收到投资款	实收资本	A公司				3	0	0	0	0	0	0	0	
合计(大写)人民币叁拾万元整				¥	3	0	0	0	0	0	0	0	

会计主管　　　　记账　　　　出纳　　　　审核李正荣　　　　制单张立

图 1-6 是一张商品购销合同,是说明购销双方购买意愿的协议书,从会计角度说购销业务并没有真正发生,所以不是会计意义上的原始凭证。

成都市商品购销合同

甲方（供应商）：_____

乙方（零售商）：_____

  根据《中华人民共和国合同法》及其他有关法律、行政法规的规定，加以双方遵循平等、自愿、公平和诚实信用的原则，就商品进货购销事宜协商订立本合同。

  一、订购商品

  1. 商品的种类、品名、品牌、规格、生产厂名及厂址、等级、质量标准、包装要求、计量单位及单价等详见本合同《附件》。

  2. 商品价款、名称、商标、规格、型号、生产厂家、计量单位、数量、质量要求、包装要求、单价、总价、合计人民币金额（大写）。

  其他事项：（叙述略）

  二、委托代理人（叙述略）

  三、订货（叙述略）

  四、交货及验收（叙述略）

  五、商品仓促（叙述略）

  六、商品退换（叙述略）

  七、对账与结算（叙述略）

  八、知识产权的保护（叙述略）

  九、违约责任（叙述略）

  十、合同的解除（叙述略）

  十一、合同期限（叙述略）

  十二、争议解决方式（叙述略）

  十三、促销服务费（叙述略）

  十四、其他（叙述略）

本合同一式　份，双方各执　份，具有同等法律效力。

甲方：_____（盖章）：_____　　乙方：_____（盖章）：_____

法定代表人：_____　　　　法定代表人：_____

委托代理人：_____　　　　委托代理人：_____

身份证号：_____　　　　　身份证号：_____

电话/传真：_____　　　　　电话/传真：_____

电子邮件：_____　　　　　电子邮件：_____

开户银行/账号：_____　　 开户银行/账号：_____

税号：_____　　　　　　　税号：_____

图1—6 商品购销合同(简化)样式

二、认识会计账簿

  会计账簿是指由一定格式账页组成的,以会计凭证为依据,全面、系统、连续地记录经济业务的簿籍。设置会计账簿是为了记录会计信息,登记账簿是会计工作的重要内容,从会计工作流程来说,登记账簿既是会计凭证工作的延续,又为编制会计报表打下基础,可见登记账簿是联结会计凭证与会计报表的中间环节,在会计核算中有重要意义。图1－7～图1－10是会计账簿的基本外形,关于会计账簿的详细内容可参照本书第六章。

现金日记账,是企事业单位记录现金收支情况的日记账。图1－7是订本式现金日记账的外形式样,其内页格式参见本书第六章的相关内容。

图1－7 现金日记账式样　　　　　图1－8 银行存款日记账式样

银行存款日记账,是企事业单位记录银行存款收支情况的日记账。图1－8是订本式银行存款日记账的外形式样,其内页格式参见本书第六章的相关内容。

总分类账,是企事业单位记录经济活动总括情况的账簿。图1－9是订本式总分类账的外形式样,其内页格式参见本书第六章的相关内容。

图1－9 总分类账样式　　　　　图1－10 明细分类账样式

三栏式明细分类账,是企事业单位记录资金收付、往来结算等情况的账簿。图1－10是活页式三栏明细账的外形式样,其内页格式参见本书第六章的相关内容。

三、认识会计报表

会计报表是会计部门向有关单位报送的总括性会计资料。表1-7至表1-9是当前企业使用的资产负债表、利润表和现金流量表,其数据是仿真的企业财务数据。

表1-7　资产负债表

填制单位:重庆××公司　　　　　　2016年12月31日　　　　　　　　　　单位:元

会企02表

资产	期末余额	年初余额	负债和所有者权益	期末余额	年初余额
流动资产			流动负债		
货币资金	1273704		短期借款		
交易性金融资产			交易性金融负债		
应收票据	815370		应付票据		
应收账款	1279491		应付账款		
预付款项	52299		预收款项		
应收利息			应付职工薪酬		
应收股利			应交税费		
其他应收款	12291		应付利息		
存货	361074		应付股利		
一年内到期的非流动资产			其他应付款		
其他流动资产			一年内到期的非流动负债		
流动资产合计	3794229		其他流动负债		
非流动资产			流动负债合计	1888038	
可供出售金融资产			非流动负债		
持有至到期投资			长期借款	78000	
长期应收款			长期应付款		
长期股权投资	20766		专项应付款		
投资性房地产			预计负债		
固定资产	1259382		递延所得税负债		
在建工程			其他非流动负债		

续表

资产	期末余额	年初余额	负债和所有者权益	期末余额	年初余额
工程物资			非流动负债合计		
固定资产清理			负债合计	1966038	
油气资产			所有者权益		
生产性生物资产			实收资本	1386045	
无形资产	568707		资本公积	1583988	
开发支出			减:库存股		
商誉			盈余公积	16791	
长期待摊费用			未分配利润	751080	
递延所得税资产	52839		货币汇兑差异	−8019	
其他非流动资产			所有者权益合计	3729885	
非流动资产合计	1901694				
资产总计	5695923		负债和所有者权益总计	5695923	

单位负责人: 会计主管: 复核: 制表:

表1—8 利润表

会企02表

填制单位:重庆××公司   2016年12月   单位:元

项目	本期金额	上期金额
一、营业收入	9227691	
减:营业成本	7924623	
营业税金及附加	387446	
销售费用	14757	
管理费用	42800	
财务费用	12380	
资产减值损失		
加:公允价值变动收益(损失以"—"号填列)		
投资收益(损失以"—"号填列)		
其中:对联营企业和合营企业的投资收益		
二、营业利润(亏损以"—"号填列)	845685	

续表

项目	本期金额	上期金额
加:营业外收入	7329	
减:营业外支出		
其中:非流动资产处置损失		
三、利润总额(亏损总额以"－"号填列)	853014	
减:所得税费用	43929	
少数股东权益	43929	
四、净利润(净亏损以"－"号填列)	679686	
五、每股收益		
(一)基本每股收益		
(二)稀释每股收益		

单位负责人:　　　会计主管:　　　复核:　　　　　制表:

表1－9　现金流量表

会企03表

编制单位:重庆××投资管理有限公司　　　　2016年12月　　　　单位:万元

项目	行次	金额	补充资料	行次	金额
一、经营活动产生的现金流量		1730183.00	1.不涉及现金收支的投资和筹资活动		
销售商品、提供劳务收到的现金	1		以固定资产偿还债务	43	
收到的租金	2		以投资偿还债务	44	
收到的税费返还	3		以固定资产进行投资	45	
收到的其他与经营活动有关的现金	4	10076.00	以存货偿还债务	46	
现金流入小计	5	1740259.00	融资租赁固定资产	47	
购买商品、接受劳务支付的现金	6	705591.48	接受捐赠非现金资产	48	
经营租赁所支付的现金	7		2.将净利润调节为经营活动的现金流量		
支付给职工以及为职工支付的现金	8	189600.00	净利润	49	(65367.85)

续表

项目	行次	金额	补充资料	行次	金额
实际交纳的增值税款	9		加:计提的坏账准备或转销的坏账	50	
支付的所得税款	10		固定资产折旧	51	397352.87
支付的除增值税、所得税以外的其他税费	11	135965.94	无形资产摊销	52	
支付的其他与经营活动有关的现金	12	1031157.42	待摊费用的减少(减:增加)	53	
现金流出小计	13	709101.58	预提费用的增加(减:减少)	54	
经营活动产生的现金流量净额	14		处置固定资产、无形资产和其他长期资产的损失(减:收益)	55	
二、投资活动产生的现金流量			固定资产报废损失	56	
收回投资所收到的现金	15		财务费用	57	
分得股利或利润收到的现金	16		投资损失(减:收益)	58	
取得债券利息收入所收到的现金	17		递延税款贷项(减:借项)	59	
处置固定资产、无形资产和其他长期资产而收到的现金净额	18		存货的减少(减:增加)	60	
收到的其他与投资活动有关的现金	19		经营性应收项目的减少(减:增加)	61	
现金流入小计	20		经营性应付项目的增加(减:减少)	62	
购建固定资产、无形资产和其他长期资产所支付的现金	21		其他	63	
权益性投资所支付的现金	22		经营活动产生的现金流量净额	64	709101.58

续表

项目	行次	金额	补充资料	行次	金额
债权性投资所支付的现金	23		3.现金及现金等价物净增加情况		
支付的其他与投资活动有关的现金	24		加:货币资金的期末余额	65	741601.58
现金流出小计	25		减:货币资金的期初余额	66	32500.00
投资活动产生的现金流量净额	26		加:现金等价物的期末余额	67	
三、筹资活动产生的现金流量			减:现金等价物的期初余额	68	
吸收权益性投资所收到的现金	27				
发行债券所收到的现金	28				
借款所收到的现金	29				
收到的其他与筹资活动有关的现金	30				
现金流入小计	31				
偿还债务所支付的现金	32				
发生筹资费用所支付的现金	33				
分配股利或利润所支付的现金	34				
偿付利息所支付的现金	35				
融资租赁所支付的现金	36				
减少注册资本所支付的现金	37				
支付的其他与筹资活动有关的现金	38				
现金流出小计	39				

续表

项目	行次	金额	补充资料	行次	金额
筹资活动产生的现金流量小计	40				
四、汇率变动对现金的影响额	41				
五、现金及现金等价物净增加额	42				

第二节　会计文化

会计学是会计工作的理论概括,会计工作受会计学理论指导,又不断丰富和发展会计学理论。了解和掌握一定的会计学基本知识,是做好会计工作的必要基础。

一、会计工作

(一)职业

职业是指人们从事的作为主要生活来源的工作。我国职业分类的标准之一是依据在业人口所从事的工作性质的统一性进行分类,将职业分为 8 个大类、64 个中类、301 个小类和若干细类,八大类职业中从业人员最多的是各类专业技术人员,会计职业者在专业技术人员之列。

职业的本质是参与社会分工,利用专门的知识和技能为社会创造物质财富和精神财富,获取合理报酬作为物质生活来源,并满足精神需求的工作。

各种职业在行为目的上有较大的差异,其中会计职业从行业行为上看和其他职业行为存在着差异,表现为:其他职业在不违反职业道德的前提下,完全站在维护客户利益的立场,如教师全心全意为学生着想,律师完全站在委托人的角度进行工作;而会计职业所要维护的利益则是广泛的,主要有股东、债权人、监管部门、客户以及其他利益相关者的利益,这些利益相关者力图对会计人员施加影响以维护自身利益,会计人员需要从中谋求平衡并协调各种利益体之间的冲突。

(二)会计职业

会计职业是指个人在社会中所从事的作为主要生活来源的会计工作。从事具体会计工作的会计从业者,按职业立场标准又划分为企业会计师(Business Accountant)和注册会计师(Certified Public Accountant)两类。

在日常生活中,人们口头上所说的会计通常有三种含义:一是指会计职业;二是指从事具体会计工作的人员;三是指研究会计学问的专家学者。

会计职业技术职称具有层次性。企业会计师按照我国对会计专业技术职称的管理办法,分为会计员、助理会计师、会计师和高级会计师(含副高级、正高级)。

会计职业既是传承历史的职业,又是与时俱进的职业。会计的产生源于人们有了数字的概念,但其真正成为一种职业,应该是在出现剩余价值后的原始社会晚期。马克思曾经考证,在远古的印度公社中,簿记工作已经独立为公社官员的专职工作,每个公社配备有一个农业记账员。

会计职业伴随着人类文明史的发展而发展。在当今网络技术和计算机日益被广泛应用的背景下,知识经济已成为未来经济发展的主流,全球经济一体化的趋势日益明显,会计职业也将面临新的机遇和挑战。会计职业的发展出现了以下特征:一是会计职业的产生源于经济管理的需要;二是经济越发展,会计越重要;三是会计是一个与时俱进的职业。在我国,由于所有权和经营权"两权"分离,会计的公允性必将会越来越成为其职业生命的核心。

(三)会计职场环境

会计职场环境是指会计人员在履行会计工作职责时的法律环境、业务素质、业务技能和工作条件。

会计职场环境按影响会计工作职责的内部和外部关系的不同,可以分为内部环境和外部环境。会计职场内部环境主要是指会计工作组织机构、人员分工、管理制度、办公条件等;会计职场外部环境主要是指对会计工作发生直接影响的会计工作法律制度、行政管理规章等。

会计人员是企业重要的管理人员。在企业管理系统中,会计人员的特定职能决定了其特定的地位和作用。会计人员在实际的工作中,负有双重责任,一方面要做好本单位的会计工作,维护本单位的合法利益;另一方面又要严格执行国家的财经法规、会计制度,维护国家、投资者和债权人等多方面的利益,对本单位的财务收支活动进行严格的监督,抵制各种违法行为。会计人员要做好上述工作,要求具有较高的政治素质和较强的业务素质。

(四)会计岗位

按照《中国人民共和国会计法》第十一条规定,各单位应当根据会计业务需要设置会计工作岗位。会计工作岗位一般可分为:会计机构负责人或者会计主管人员、出纳、财产物资核算、工资核算、成本费用核算、财务成果核算、资金核算、往来结算、总账报表、稽核等。开展会计电算化和管理会计的单位,可以根据需要设置相应工作岗位,也可以与其他工作岗位相结合。

会计工作岗位,可以一人一岗、一人多岗或者一岗多人。但出纳人员不得兼管稽核、会计档案保管和收入、费用、债权债务账目的登记工作。会计人员的工作岗位应当有计划地进行轮换。

二、会计目标

(一)会计

会计工作的成果可以认为就是提供一系列会计信息。会计信息是对生产经营活动的反映和记录,是经济信息的重要组成部分。

会计是以货币为主要计量单位,运用专门的方法,对会计主体的生产经营活动或者业务收支活动进行综合、全面、系统、连续的记录,并定期总括性地传递会计信息的一种重要的经济管理活动。

(二)会计目标

会计目标是指会计工作所要达到的目的。具体来说,就是向会计信息使用者提供企业财务状况、经营成果和现金流量等有关的会计信息,反映企业管理层受托责任的履行情况,有助于会计信息使用者做出决策。会计目标是主要向以下三类会计信息使用者提供合法、及时的会计信息:

一是企业的投资者和债权人,以及供应商和客户等;二是企业管理人员和职工;三是进行宏观调控和管理的国家综合经济部门,主要包括财政、税务、审计、银监会、证监会和保监会等部门。

此外,一些中介机构、组织和个人,如证券发行与交易机构及经纪人、会计师事务所及注册会计师、律师事务所及律师、经济报刊、经济研究单位及研究人员等,也常常要利用企业的会计信息资料进行相关的工作。

(三)会计职能

会计职能是会计在经济管理中所具有的功能。会计管理是通过会计的职能来实现的。会计的基本职能是会计核算和会计监督。

会计的核算职能，又称反映职能，是指会计运用一系列专门方法对经济活动过程及其结果进行确认、记录、计量和报告，最后以财务会计报告的形式进行总结，并报告给有关各方。会计核算贯穿于经济活动的全过程。从核算时间看，既包括事后的核算，也包括事前、事中的核算；从核算的内容看，既包括记账、算账、报账，又包括预测、分析和考核。

会计的监督职能，是指以一定的标准和要求利用会计核算所提供的信息对各单位的经济活动或会计事项的真实性、合法性、合理性进行审查，从而达到有效的指导、控制和调节，以实现预期的目的。

会计核算和监督两者不可分割、相辅相成。核算是监督的基础，没有核算就无法进行监督，只有正确地进行核算，监督才有真实可靠的依据；而监督是核算的继续，如果只有核算而不进行监督，就不能发挥会计应有的作用，只有严格地进行监督，核算所提供的数据资料才能在经济管理中发挥更大的作用。

需要指出的是，会计职能已经由"核算与监督"的基本职能，向参与企业战略规划、制定企业投融资战略、掌握企业风险管控、进行业绩考评、全面预算与成本管理等方面发展，这将对会计人员职业素质提出更高的要求。

三、会计对象与会计学

(一)会计对象

会计对象是指会计核算与监督的内容。由于会计是以货币为主要计量单位对企业经济活动进行的价值管理，因此，会计对象的内容就是生产过程中能用货币计量的经济活动。

用货币计量的经济活动也称为资金运动。因此，会计对象就是企业(即营利组织)或行政事业单位(即非营利组织)在社会再生产过程中的资金运动。

研究会计的学问称为会计学，会计学有若干的分类。

(二)制造业的资金周转与循环

企业的典型代表就是制造业的工业企业，其主要任务是为社会生产提供合格的产品，满足生产生活各方面的需要。企业要生产产品，就必须要有一定数量的资金，并通过资金的运用来实现企业的目标。工业企业的资金运动可以分为资金的投入、资金的运用和资金的退出三个环节。

企业从各种渠道取得资金是资金运动的起点。一般来说,流动资金是以货币资金形态投入企业的,固定资金是以固定资产形态投入企业的。企业经济活动由供应过程、生产过程和销售过程构成。

在供应过程中,企业以货币资金购买生产所需的各种材料。企业既要与供应单位办理结算,以银行存款或现金支付各种材料款和材料运输、装卸等费用,又要取得适用的材料,为进行生产而储备必要的物资。通过供应过程,流动资金从货币资金形态转变为储备资金形态,随时满足生产的需要。

生产过程是工业企业经营活动的中心环节。这个过程是从材料投入生产开始到产品制成为止的产品制造过程。经过这一过程,企业的资金即由原来的储备资金转化为在产品形式的生产资金。同时,在生产过程中,一部分货币资金由于支付职工的工资和其他生产费用而转化为在产品,成为生产资金。此外,在生产过程中,厂房、机器设备等固定资产在使用时会磨损,这部分磨损的价值即折旧,转移到在产品的价值中,也构成生产资金的一部分。生产过程结束时,在产品制成为产成品,生产资金转变为成品资金。

在销售过程中,企业将产品销售出去,完成其价值的实现。在此过程中,企业要出售所生产的产品,取得销售收入,补偿产品生产和销售过程中的耗费,以及为组织和管理企业生产经营活动而发生的管理费用及筹措资金而发生的财务费用。通过销售过程,成品资金转变为货币资金。

综上所述,企业的资金经过供、产、销三个过程,从货币资金形态顺次经过储备资金、生产资金、成品资金形态,最终又回到货币资金形态,这一过程称为资金循环。由于再生产过程不断进行而引起的连续不断的资金循环,称为资金周转。工业企业资金在向国家交税、分配股利和利润、归还借款时退出企业。

(三)会计的作用

会计的作用是指会计活动在特定历史时期和特定经济环境下实际产生的效果,是会计职能借助会计方法产生的客观效果。会计是企业价值管理的基本形式,它是与使用价值管理处于同等地位、具有同等作用的一个管理子系统。在市场经济条件下,价值管理对使用价值管理具有直接的制约作用,在整个企业经营管理中起着导向作用。

会计作用的发挥取决于两个重要因素:一是外部环境,即会计工作所处的特定历史时期和经济环境;二是会计活动本身,即会计职能被人们认识和利用的程度。

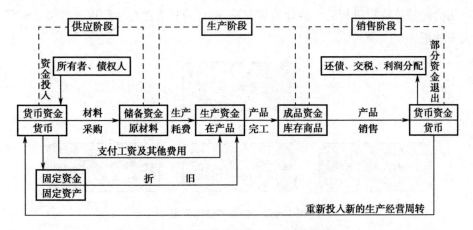

图 1—11　工业企业资金循环与周转图

会计的具体作用可以归纳为保护企业财产安全、预测经济前景、参与经营决策、反映经营情况、控制经济活动、评价经营业绩等。

第三节　会计文化

会计方法是完成会计任务的手段,会计方法可以分为会计理论研究方法和会计工作技术方法,学习会计方法对顺利完成会计任务、实现会计目标具有重要意义。

一、会计方法

(一)会计方法体系

会计方法是指实现会计目标、完成会计任务的手段。会计方法可以分为会计理论研究方法和会计工作技术方法,本教材重点讨论会计工作技术方法,也就是会计工作的方法体系。

会计工作的方法体系由会计核算方法、会计分析方法和会计检查方法构成。会计核算方法是完成会计核算的计量、记录和报告方面的方法,是会计方法的基本环节;会计分析方法是评议会计核算效果方面的方法,会计检查方法是审核会计核算是否合规方面的方法。在会计方法体系中,会计核算方法处于基础和核心的地位,是其他各种方法的基础。会计分析、会计检查都是在会计核算的基础上利用会计核算资料进行的。会计核算方法、会计分析方法和会计检查方法之间的关系如图 1-12 所示。

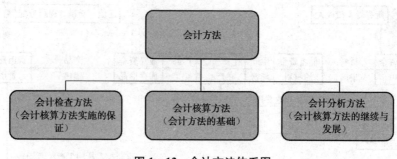

图 1-12　会计方法体系图

(二)会计核算方法

会计核算方法是对企业经济业务进行全面、连续、系统的计量、记录和计算，为利益相关者提供会计信息所采用的方法。会计核算方法包括设置账户、复式记账、填制和审核会计凭证、登记账簿、成本计算、保障真实和编制会计报表七大方法。

1.设置账户

设置账户是指对会计对象要素的具体内容进行分类核算和监督的一种专门方法。设置账户是现代复式记账方法运用的基础。

2.复式记账

复式记账是对每一项经济业务,以相等的金额,在两个或两个以上相互联系的账户中进行登记的一种专门方法,复式记账方法是现代会计的标志。

3.填制和审核会计凭证

会计凭证是记录经济业务、明确经济责任的书面证明,是登记账簿的依据。填制和审核会计凭证是为了保证会计计量、记录真实可靠,有凭有据,能以此审查经济活动是否合理合法而采用的一种专门方法。填制会计凭证是会计核算的关键环节之一。

4.登记账簿

账簿由具有一定格式、相互联系的账页所组成。登记账簿就是在会计账簿中全面、连续、系统地记录和反映经济活动及财务收支的一种专门方法。登记账簿是会计核算的中心环节。

5.成本计算

成本计算是企业按照一定的对象,对生产经营过程中所发生的成本、费用进行归集和分配,以确定各对象的总成本和单位成本的一种专门方法。

6.保障真实

保障真实是指会计工作要通过设置会计控制制度,以确保会计信息真实可靠,通过盘点实物,核对往来款项,以查明账实是否相符的一种专门方法。

7.编制会计报表

编制会计报表是以书面报告的形式,定期总括反映生产经营活动的财务状况和经营成果的一种专门方法。编制会计报表是会计核算最终输出会计信息的重要环节。

上述七种会计核算方法构成了一个完整的会计核算方法体系。在会计核算方法体系中,就其工作程序和工作过程来说,主要有三个环节:填制和审核会计凭证、登记账簿和编制会计报表。其基本内容就是经济业务发生后,经办人员要填制或取得原始凭证,经会计人员审核整理后,按照设置的会计科目,运用复式记账法,编制记账凭证并据以登记账簿。对于生产经营过程中发生的各项费用,要进行成本计算。在整个会计工作中要保障会计信息真实可靠,并在此基础上定期编制会计报表。会计核算方法之间的关系如图1—13所示。

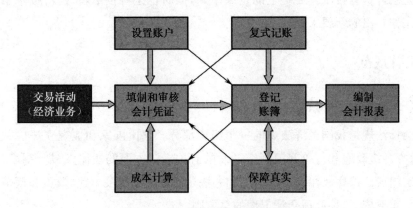

图1—13 会计核算方法体系图

(三)会计职能、会计目标与会计方法的关系

如前所述,会计方法是实现会计目标、完成会计任务的手段,即指会计人员运用特定的技术,作用于会计对象行为的程序或方式。会计工作由具体的会计方法构成,并由会计人员的行为推动而进行,由此可见,会计方法是会计职能由潜在的

有用性转化为现实作用的关键。会计目标就是对会计自身所提供经济信息的内容、种类、时间、方式及其质量等方面提出的要求,它所要解决的是会计应提供什么样的信息才能满足有关各方对会计信息的需要,而会计职能作为会计自身所具备的功能,它的内涵主要指会计能够提供什么样的信息。会计目标是适应于特定经济环境的需要而产生的,这就使会计目标在一定程度上呈现出变化性的特点,而会计职能则是相对稳定、单一的东西。因此,我们不难看出,会计目标与会计职能的最根本区别在于会计目标是人们的主观要求,而会计职能则是一种客观存在。会计目标在一定程度上必须同会计职能相吻合,如果脱离了会计职能,会计目标就会成为空中楼阁而无法得到实现。

(四)手工记账与会计电算化

从 20 世纪 80 年代开始,电子计算机应用技术大量进入管理领域,会计领域也不例外,大量运用计算机应用技术,逐步形成比较完善的会计电算化系统。所谓会计电算化就是指以电子计算机为主的当代电子技术与信息技术应用到会计核算中的会计信息系统称谓。会计电算化的基本原理与传统的手工会计核算原则是一致的,但是它与手工记账的最大区别就在于其实现了数据处理的自动化,使传统的手工会计信息技术发展为现代化的电子计算机信息技术。会计电算化技术是会计信息技术发展史上的重大革新,同时也是科技革新、经济技术革新对会计工作提出的新要求。

二、会计规范

(一)会计规范体系

会计法规是我国经济法规的一个组成部分。它由国家和地方立法机关及中央、地方各级政府和行政部门制定颁发的有关会计方面的法律、法规、制度、办法和规定组成。这些法律、法规、制度和办法是贯彻国家有关方针、政策和规范会计工作的重要依据,是处理会计工作的总原则。

会计法律体系可以从法律来源上划分为下列四个层次:

(1)会计法律,它是一部规范我国会计活动的基本会计法规。在会计领域,只有《中华人民共和国会计法》属于国家法律的层次。

(2)会计行政法规,它由国务院制定的会计行政法规,如《总会计师条例》《企业财务会计报告条例》,它是按照基本法规的要求制定的专项会计法规,是制定会计制度的依据。

（3）会计部门规章，它是指国家主管会计工作的行政部门——财政部以及其他相关部委制定的会计方面的规范，属于这个层次的有《会计基础工作规范》《会计电算化管理办法》《会计档案管理办法》及会计准则和会计制度等。

（4）地方性会计法规、规章，主要指各省、自治区、直辖市根据会计法律、会计行政法规和国家统一的会计制度的规定，结合本地实际情况制定，在各自的行政区域内实施的地方性会计法律规范。

（二）会计法

《中华人民共和国会计法》是会计法规体系中权威性最高、最具法律效力的法律规范，是制定其他各层次会计法规的依据，是会计工作的基本大法。《中华人民共和国会计法》于1985年公布，后经过1993年、1999年、2017年两次修正和一次修订，其目的主要是规范会计行为，保证会计资料真实和完整，加强经济管理和财务管理，提高经济效益和维护社会主义市场经济秩序。

新修订的《中华人民共和国会计法》共分七章五十二条，其中包括：总则，会计核算，公司、企业会计核算的特别规定，会计监督，会计机构和会计人员，法律责任，附则。现将主要内容简述如下：

（1）会计核算。《中华人民共和国会计法》规定，"各单位必须根据实际发生的经济业务事项进行会计核算，填制会计凭证，登记会计账簿，编制财务会计报告""不得以虚假的经济业务事项或者资料进行会计核算"。各单位应当办理会计手续、进行会计核算的经济业务事项有以下七项：

①款项和有价证券的收付；

②财物的收发、增减和使用；

③债权债务的发生和结算；

④资本、基金的增减；

⑤收入、支出、费用、成本的计算；

⑥财务成果的计算和处理；

⑦需要办理会计手续、进行会计核算的其他事项。

《中华人民共和国会计法》还规定了对会计核算的基本要求，包括对会计年度、记账本位币的规定，对会计凭证、会计账簿、会计报表和其他会计资料的规定，以及对会计核算程序的规定等。

（2）会计监督。《中华人民共和国会计法》规定了会计监督的主体和对象以及会计监督的内容。会计监督的主体是本单位的会计机构和会计人员；监督的对象是本单位的经济活动，即内部会计监督；内部会计监督的内容主要有原始凭证、财产物资和财务收支三个方面。

《中华人民共和国会计法》规定，各单位应当建立并健全本单位内部会计监督制度，明确会计人员、单位负责人、社会中介组织、政府有关部门在会计监督中的责任，并符合下列十项要求：

①记账人员与经济业务事项和会计事项的审批人员、经办人员、财物保管人员的职责权限应当明确，并相互分离、相互制约。

②重大对外投资、资产处置、资金调度和其他重要经济业务事项的决策和执行的相互监督、相互制约程序应当明确。

③财产清查的范围、期限和组织程序应当明确。

④对会计资料定期进行内部审计的办法和程序应当明确。

⑤明确各有关部门在会计监督中的责任。

⑥单位负责人应当保证会计机构、会计人员依法履行职责，不得授意、指使、强令会计机构、会计人员违法办理会计事项。

⑦会计机构、会计人员对违反本法和国家统一的会计制度规定的会计事项，有权拒绝办理或者按照职权予以纠正。

⑧按规定须经注册会计师进行审计的单位，应向受委托单位如实提供会计凭证、账簿、财务会计报告和其他资料。任何单位和个人不得以任何方式要求或示意受托方出具不实或者不当的审计报告。

⑨财政部门对各单位的账簿设置，各项资料是否真实、完整，会计核算是否符合规定，以及会计工作人员是否具备从业资格等情况实施监督，并有权对会计师事务所出具审计报告的程序和内容进行监督。

⑩财政、审计、税务、证券、监管等部门应当依照有关法规规定对有关单位的会计资料实施检查。有关单位应接受检查，并如实提供会计资料及有关情况。有关监督检查部门已经作出的检查结论能满足其他部门需要的应当加以利用，避免重复查账，并负有保密义务。

（3）会计机构和会计人员。《中华人民共和国会计法》中关于会计机构和会计人员的具体包括：

①会计机构。《中华人民共和国会计法》规定：各单位应当根据会计业务的需要，设置会计机构，或者在有关机构中设置会计人员并指定会计主管；不具备设置条件的，应当委托经批准设立从事会计代理记账业务的中介机构代理记账。国有

的和国有资产占控股地位或者主导地位的大、中型企业必须设置总会计师。

②会计机构内部应建立稽核制度。出纳人员不得兼任稽核、会计档案保管以及收入、支出、费用、债权和债务账目的登记工作。

③会计人员。《中华人民共和国会计法》规定:从事会计工作的人员,必须取得会计从业资格证书。单位会计机构负责人和会计主管人员还应具备会计师以上专业技术资格或从事会计工作3年以上经历;会计人员调动工作或离职,必须办清交接和监交手续。

会计人员因提供虚假财务会计报告,做假账,隐匿或者故意销毁会计凭证、会计账簿、财务会计报告,贪污、挪用公款,职务侵占等与会计职务有关的违法行为被依法追究刑事责任的人员,不得取得或者重新取得会计从业资格证书。如因违法违纪行为被吊销会计从业资格证书的人员,自被吊销会计从业资格证书之日5年内,不得重新取得会计从业资格证书。

④法律责任。法律责任分为经济处罚与行政处分。

《中华人民共和国会计法》规定,有下列行为之一的,由县级以上财政部门责令限期改正,并对单位处以3000元以上、50000元以下的罚款,对直接负责的主管人员和其他责任人员处以2000元以上、20000元以下的罚款。属于国家工作人员的还应当由所在单位或者有关单位依法给予行政处分。内容包括:不依法设置会计账簿的;私设会计账簿;未按照规定填制、取得原始凭证或者填制、取得的原始凭证不符合规定的;以未经审核的会计凭证为依据登记会计账簿或者登记会计账簿不符合规定的;随意变更会计处理方法的;向不同的会计资料使用者提供的财务会计报告编制依据不一致的;未按照规定使用会计记录文字或者记账本位币的;未按照规定保管会计资料,致使会计资料毁损、灭失的;未按照规定建立并实施单位内部会计监督制度或者拒绝依法实施的监督或者不如实提供有关会计资料及有关情况的;任用会计人员不符合《中华人民共和国》会计法规定的。

《中华人民共和国会计法》规定,凡有以下各条,构成犯罪的依法追究刑事责任,内容包括:伪造、变造会计凭证、会计账簿,编制虚假财务会计报告;隐匿或者故意销毁依法应当保存的会计凭证、会计账簿、财务会计报告;授意、指使、强令会计机构、会计人员以及其他人员伪造、变造会计凭证、会计账簿,编制虚假财务会计报告或者隐匿、故意销毁依法应当保存的会计凭证、会计账簿、财务会计报告;单位负责人对依法履行职责、抵制违反法规行为的会计人员以降级、撤职、调离工作岗位、解聘或者开除等方式实行打击报复。

以上各条如果尚不构成犯罪的,可以视情况,依法处以不同的罚款,属于国家工作人员的还应当由其所在单位或者有关单位依法给予行政处分,并由县级财政部门吊销其会计从业资格证书。

(三)其他会计法规

1.企业会计准则

企业会计准则也称企业会计原则,它是企业会计确认、计量和报告行为的规范,制定会计制度的依据,也是保证会计信息质量的标准。在西方经济发达国家,一般都有一个统一的会计准则,有的由政府机关制定,有的由民间职业团体根据会计惯例制定。企业的会计制度可按照企业会计准则自行制定。我国过去没有统一的会计准则,企业一直执行按不同行业和不同所有制性质制定的会计制度,这是中华人民共和国成立以来根据计划经济体制的模式规定的,在历史上曾发挥一定的作用。

为了适应社会主义市场经济和对外开放的需要,经国务院批准,我国财政部于1992年11月发布了《企业会计准则》,并自1993年7月1日起执行,之后又进行了修订并研究制定了多项具体准则,因此,我国企业会计准则体系包括基本准则和具体准则两个层次。

(1)基本准则。基本会计准则是进行会计核算工作必须遵守的基本要求,财政部1992年11月发布的《企业会计准则》即属于基本会计准则。为进一步规范企业会计确认、计量和报告行为,保证会计信息质量,2006年2月,财政部又公布了《企业会计准则——基本准则》,并自2007年1月1日起实施,实施后的《企业会计准则——基本准则》的主要内容包括会计基本前提、会计信息质量要求、会计要素和财务会计报告等方面。该准则于2014年7月又进行了修订。

(2)具体准则。具体会计准则是以基本会计准则为依据,规定各会计要素确认、计量和报告的原则和对会计处理及其程序做出的具体规定,将会计准则的要求具体化。

2.企业会计制度

企业会计制度是直接指导各个企业办理会计业务,实施会计核算的重要规范。会计准则规范的目标主要是解决会计要素如何进行确认和计量的问题,同时也规范会计主体应当披露哪些方面的信息;而会计制度规范的目标主要是解决会计要素如何进行记录和报告的问题。确认和计量是记录和报告的前提条件,没有会计要素的确认和计量,记录和报告就不可能实现。

由于财政部先后颁发的并要求企业执行的《企业会计准则》、《小企业会计准则》和《企业会计制度(含行业会计核算办法)》的运用空间严重缩小,并有逐渐退出不执行的趋势,多数企业处于历史延续惯性地使用企业会计制度的状态。

3.地方性会计法规

各省、自治区、直辖市也可以根据会计法律、会计行政法规和会计部门规章的规定,制定一些在本行政区域内实施的地方性会计法规。

三、会计职业道德

会计职业道德是指从事会计工作的会计人员应该具备的与职业特点相适应的道德规范。我国《会计基础工作规范》根据国情和现有的会计职业道德操守现状,结合国际上会计职业道德的一般要求,规定了会计人员职业道德的内容为:敬业爱岗、熟悉法规、依法办事、客观公正、提高技能、搞好服务。

第二章 会计对象和会计要素

会计的对象是企业的资金运动,把会计对象进行分类,形成会计要素,比如,资产、负债和所有者权益等,再将会计要素具体化,就是会计科目。我们可以借助会计沙盘,将会计要素以沙坑、沙堆的形式形象地展现出来,从而模拟企业的资金运动,使抽象的概念变得具体、可视。

第一节　会计对象

会计对象是指会计工作所要核算和监督的内容,凡是以货币表现的经济活动,都是会计核算和监督的内容,通常又称为价值运动或资金运动。资金运动具体表现为资金的投入、分配、耗费、收回(包括补偿与增值)以及退出等形式,企业、行政事业单位的会计对象是每一个独立核算单位的资金运动,并且稍有区别。

一、制造企业的资金运动

制造企业的生产经营活动,包括"供应—生产—销售"三个过程,其资金就是在这样一个过程中周而复始不断循环运动的。

资金进入企业:企业通过吸收投资或发行股票(所有者投资)、银行借入或债券(借贷)等方式来筹集资金,引起企业资金的增加。

资金在企业中的周转:企业用货币资金购买材料,形成储备资金。工人利用自己的生产技术,借助于机器设备对材料进行加工,发生的耗费形成生产资金。产品完工后形成成品资金。将产品销售,收回货款,得到新的货币资金。整个周转过程表现为:货币资金—储备资金—生产资金—成品资金—新的货币资金。

资金退出企业:企业偿还银行借款、上缴税金和分派利润或股利,此时资金离开企业。制造企业的资金运动如图2-1所示。

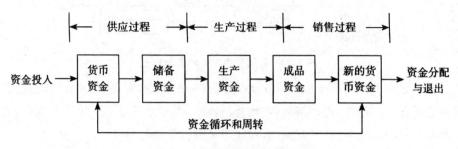

图2-1　制造企业的资金运动

二、商品流通企业的资金运动

商品流通企业的资金运动包含两个过程:购进和销售,没有生产过程。

资金进入企业:资金通过所有者投资或借贷进入企业,引起企业资金的增加。

资金在企业中的周转:企业用货币资金购买商品,形成商品资金,将商品销售,收回货款,得到新的货币资金。整个周转过程表现为:货币资金—商品资金—新的货币资金。

资金退出企业:企业偿还银行借款、上缴税金和分派利润或股利,此时资金离开企业。商品流通企业的资金运动如图2-2所示。

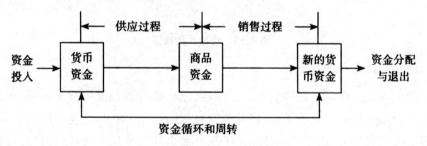

图2-2　商品流通企业的资金运动

三、行政事业单位的资金运动

与企业的经营资金的运动不同,行政事业单位的资金运动是预算资金的运动。它的运动是直线式的一次运动,没有资金的循环和周转。

资金通过国家预算拨款进入行政事业单位,各种使用资金的过程就是预算资金的支出以各种费用的形式退出单位。行政事业单位的资金运动如图2-3所示。

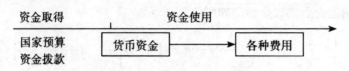

图 2－3　行政事业单位的资金运动

资金表现形式与其来源的对立统一、相互平衡,统称为资金运动的静态表现;而资金的投入与退出、循环与周转、耗费与收回,则称为资金运动的动态表现。它们相互依存、相互转化并相互制约,构成一个有机联系的整体。

四、资金运动会计沙盘假设

为了使抽象的资金运动具体化,以便更好地揭示资金运动及其规律,本书借鉴"会计沙盘模型"假设加以说明。

会计沙盘模型,假设企业经济活动的空间范围是如图 2－4 所示的平面及其周边,在企业成立之前,该模型的平面及其周边什么都没有:平面之上没有沙堆,平面之外也没有沙坑。企业的经济业务千差万别,但其所引起的资金运动归纳起来只有四种情况:资金从外部流入企业,资金在企业内部循环与周转,资金退出企业以及各种资金来源之间的相互转化。

图 2－4　会计沙盘模型

(一)资金进入企业

企业成立运作需要有初始的资本金,就像小孩玩游戏需要沙子一样,小孩需要从平面之外挖取一把沙子,并将其放置在平面之上。从会计沙盘模型上看,企业资金的获取过程,相当于一部分沙子从平面之外的个地方被挖来,然后移到平面上,从而在平面上形成一个突出的沙堆 A,而被挖的地方就会在原来的地方形成一个沙坑 a,如图 2－5 所示。

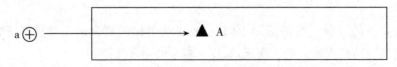

图 2－5　资金进入企业

注:为了方便讲解,在模型中用"⊕"代表在平面之外的沙坑,用"▲"来表示平面之上的沙

堆,用沙子来代表资金,箭头表示资金运动的流向。

公司可能有各种不同的资金来源渠道,如所有者投入的、债权人借入的等,从会计沙盘模型的角度来看,沙子可以从平面之外的很多地方取得,从而导致平面之外可能有很多深浅不同的沙坑。从各个地方取来的沙子,既可能放在一起,也可能分开堆放,这样,平面上可能就有许多大小各不相同的沙堆,这些沙堆就代表资金在企业内的各种存在形态,如图2—6所示。

图2—6　资金进入企业后的状态

(二)资金在企业内部循环与周转

企业有了一定的资金之后,就可以从事各种经营活动。以工业企业为例,随着储备、生产和销售三个阶段经营活动的发生,其经营资金也相应地随之改变其存在形态,会计沙盘模型上就表现为沙堆之间的转换、变化。沙堆的体积、形态与场所在不断地发生转换与变化,但代表资金总量的沙堆总体积不会发生变化,如图2—7所示。图中B、C、D、E、F、G等各段运动就代表"货币资金—储备资金—生产资金—成品资金—货币资金"周而复始的运动。

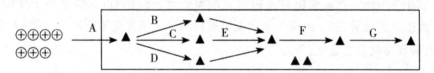

图2—7　资金在企业内部循环与周转

(三)资金退出企业

从一定来源取得的资金,在企业内部经过一段时间的循环与周转,就有可能退出企业。例如,向银行借入一笔款项,企业就必须在规定的时间还本付息;又如有的投资者收回投资,以及将获得的利润分配给投资者等。这些都会引起资金从企业的生产经营过程中退出,从而引起企业营运资金的减少。从会计沙盘模型上看,资金退出企业,就像平面之上的沙堆流出并冲掉平面之外的沙坑一样。其结果是,平面之上的沙堆的体积甚至沙堆数量会减少;与此同时,平面之外的沙坑的容积被填平或变浅。其具体运动流程如图2—8所示。

如果被清算解散,企业的资金就会全部退出企业。从会计沙盘模型上看,企

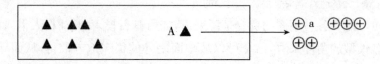

图 2—8　资金退出企业

业解散,就相当于用平面之上的所有沙堆去填平平面之外的所有沙坑一样。其运动的结果,从平面上看是沙堆没有了,从平面外看,原有的深浅不一的沙坑现在都被填平了,恢复到了开办公司前的状态,就好像在这平面上和平面外什么都没有发生过一样。资金全部退出企业的情况如图 2—9 所示。

图 2—9　资金全部退出企业

(四)资金来源渠道之间的相互转化

企业资金的来源渠道多种多样,它们之间可以相互转化,如债转股。在这种情况下,企业首先从新的资金来源渠道获取资金,从而引起资金流入企业;然后马上将所获得的资金用以偿还旧的资金来源渠道,从而引起资金流出企业。简而言之,就相当于新的资金提供者支付资金给旧的资金提供者,从而帮助企业把"旧债"偿还。其结果是,旧的资金来源渠道被新的资金来源渠道所取代,但并未引起企业资金总量发生变化。

第二节　会计要素

把会计的对象描述为资金运动,是很抽象的。会计核算和监督的内容应该是详细具体的,这就要求必须把企业的资金运动进行若干次分类,使之具体化。对资金运动进行的分类,就是会计要素;将会计要素具体化,就是会计科目。

一、资金运动的分类

会计工作核算和监督的内容称为会计对象,即企业日常活动中的资金运动,但资金运动是抽象的,需要一个载体使之落到实处,会计要素就是对会计对象的基本分类,我国现行《企业会计准则》规定,会计要素包括资产、负债、所有者权益、收入、费用和利润。

但会计要素也是个笼统的概念,比如,资产,资产有哪些呢?企业的实物资产和无形的专利都是资产,所以,会计要素还需要进一步具体化。比如,库存现金、原材料等,这些具体化了的会计要素就是会计科目。所以,会计科目是对会计要素对象的具体内容进行分类核算的类目,是编制会计凭证、设置账簿、编制财务报表的依据。

为了使企业提供的会计信息更好地满足各会计信息使用者的不同要求,还需要对会计科目按照其核算信息的详略程度进行级次划分。一般情况下,可以将会计科目分为总分类科目(也称一级科目)和若干级的明细科目。

在我国,总分类科目一般由财政部统一制定,明细科目每个单位可以根据情况自己设置。比如,某电热水壶制造加工企业的"原材料"可以按水壶的组成部分或材料品种设置,如图2—10所示。

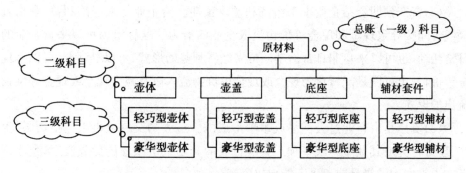

图2—10　某水壶制造加工企业原材料科目设置

企业要尽量使用我国《企业会计准则——应用指南》所提供的160多个总账会计科目,但同时我国会计准则规定,各单位可以根据自身特点自行增设、删减或合并某些会计科目,以保证会计科目的要求。

资产、负债、所有者权益、收入、费用和利润,这六类会计要素是构成会计报表的基本组件。会计要素和会计科目的分类和具体化,为会计的分类核算提供了基础,为分类提供会计信息创造了条件。至此,我们到了会计对象的三个层次,如图2—11所示。

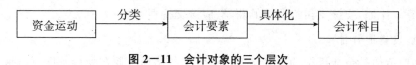

图2—11　会计对象的三个层次

二、资产负债表要素

资产、负债和所有者权益三项会计要素,是组成资产负债表的基本要素,反映企业某一特定时点的财务状况,描述了企业资金运动的相对静态状态,所以也称静态要素。

(一)资产

资产是指企业过去交易或事项形成的、由企业拥有或控制的、预期会给企业带来经济利益的资源,如银行存款、固定资产、库存商品等。

1. 资产的特征

(1)资产应为企业拥有或控制的资源。资产作为一项资源,必须为企业所拥有或控制。所谓"拥有或控制"是指企业享有某项资源的所有权,或者虽然不享有某项资源的所有权,但该资源能被企业所控制。

(2)资产预期会给企业带来经济利益。预期会给企业带来经济利益,是指直接或者间接导致现金和现金等价物流入企业的潜力。这种潜力可以来自企业的日常活动,也可以来自非日常活动。带来经济利益的形式,可以是现金,可以是现金等价物,也可以是能转化为现金或现金等价物流入以及减少现金或现金等价物流出的形式。

(3)资产是由企业过去交易或事项形成的。过去的交易或事项包括购买、生产、建造行为或其他交易或事项。只有过去的交易或事项才能形成资产,企业预期在未来发生的交易或事项不能形成资产。

2. 资产的分类

企业的资产按其变现或耗用时间的长短,划分为流动资产和非流动资产。通常在1年内或在超过1年的一个营业周期内变现或耗用的资产称为流动资产,属于流动资产的有库存现金、银行存款、应收账款、存货等。流动资产以外的资产为非流动资产,非流动资产包括长期股权投资、固定资产、无形资产等。

(二)负债

负债是企业过去交易或事项形成的,预期会导致企业经济利益流出企业的现时义务。比如,应该支付给职工的薪酬、应该交税费等。

1. 负债的特征

(1)负债是企业承担的现时义务。现时义务是指企业在现行条件下已承担的义务。未来发生的交易或事项形成的义务,不属于现时义务。这里所指的义务,可以是法定义务,也可以是推定义务。法定义务是指具有约束力的合同或者法律法规规定的义务,如企业按照税法规定应缴纳的税款的义务;推定义务是指根据企业多年来的习惯做法、公开的承诺或者公开宣布的政策而导致企业将承担的责任,如企业对销售产品在一定期间内实行保修的承诺而将在未来发生的支出。

(2)负债预期会导致经济利益流出企业。导致经济利益流出企业的形式多种多样,如以现金偿还或以实物资产偿还,以提供劳务偿还,以部分转移资产、部分提供劳务形式偿还。

(3)负债是企业过去交易或事项形成的。

2.负债的分类

负债按其流动性进行分类,可以划分为流动负债和长期负债。

(1)流动负债是指通常在1年内或超过1年的一个营业周期内偿还的债务,如短期借款、应付账款、预收账款、应付职工薪酬、应交税费、应付股利和其他应付款等。

(2)长期负债则是偿还期在1年或超过1年的一个营业周期以上的债务,如长期借款、应付债券、长期应付款等。

(三)所有者权益

所有者权益是指企业资产扣除负债后由所有者享有的剩余权益,公司制企业中所有者权益又称为股东权益。

1.所有者权益的特征

(1)所有者权益是一种剩余权利。它是企业资产中扣除债权人权益后应由企业所有者所享有的部分,即企业全部资产减去全部负债后的余额。

(2)除非发生减资、清算,企业不需要偿还所有者权益。

(3)所有者权益能够参与利润的分配。

2.所有者权益的分类

所有者权益的形成来源包括所有者投入的资本、直接计入所有者权益的利得和损失、留存收益等,通常划分为实收资本、资本公积、盈余公积、其他综合收益和未分配利润等项目。

(1)实收资本是指投资者按照企业章程或合同、协议的约定,实际投入企业的资本,包括国家投资、法人投资、个人投资或外商投资。

(2)资本公积是指企业收到投资者出资超过其注册资本或股本中所占份

额的部分。

(3)盈余公积是指企业按照有关规定从税后利润中提取的各种公积金,包括法定盈余公积和任意盈余公积。

(4)其他综合收益是指企业根据企业会计准则规定未在损益中确认的各项利得和损失扣除所得税影响后的净额,比如,长期持有股票的公允价值变动。

(5)未分配利润是指企业留存于以后年度分配或本年度分配的利润。

三、利润表要素

收入、费用和利润三项会计要素,是利润表的基本要素,是企业经营效果的综合反映,也是企业某一时期资金运动的动态表现,所以也称会计的动态要素。

(一)收入

收入是指企业在日常活动中形成的,会导致所有者权益增加的,与所有者投入资本无关的经济利益的总流入。

1.收入的特征

(1)收入是企业在日常活动中形成的。日常活动是指企业为完成其经营目标所从事的经常性活动以及与之相关的活动。企业因非日常活动所形成的经济利益的流入则不能确认为收入,而应确认为利得。例如,企业拥有一幢房产,企业将其出租给另一单位使用,企业因出租该房产所取得的租金,应当确认为企业的收入;把该房产出售,其出售所取得的净收益则不能作为收入确认,而应当作为利得予以确认,也就是计入营业外收入。

(2)收入会导致所有者权益的增加。

(3)收入是与所有者投入无关的经济利益的总流入。

2.收入的分类

按照性质划分,收入可以分为销售商品收入、提供劳务收入和让渡资产使用权收入。按企业经营业务的主次划分,收入可以分为主营业务收入和其他业务收入。

(1)主营业务收入是企业为完成其经营目标而从事的日常活动中的主要项目,可根据企业营业执照上规定的主要业务范围确定。

(2)其他业务收入是指企业主营业务以外的其他经营业务所取得的收入。比如,材料物资的销售收入,包装物、固定资产的租金收入,没收逾期未退包装物的押金,采取收取手续费方式代销商品时收得的手续费收入,无形资产转让使用权的收入等。

(二)费用

费用是指企业在日常活动中发生的,会导致所有者权益减少的,与向所有者分配利润无关的经济利益的总流出。

1. 费用的特征

(1)费用是企业在日常活动中所形成的。将费用界定为"日常活动所形成的",是为了将费用与损失相区分。企业因非日常活动所形成的经济利益的流出不能作为费用确认,而应当将其计入当期损失。例如,企业为销售产品而从其他单位租用销售场所并支付销售场所租赁费用,租用该场所支付的租赁费用,由于与企业本期商品销售这一日常活动密切相关,故该租赁费用应当确认为费用。再如,企业对某一固定资产进行处置,发生净损失,由于这一净损失与日常活动无关,故应当将其计入损失,而不能将其作为费用确认。

(2)费用会导致所有者权益的减少。

(3)费用导致的经济利益的总流出与向所有者分配利润无关。

除在符合上述定义外,费用只有在经济利益很可能流出从而导致企业资产减少或负债增加,经济利益的流出金额能够可靠计量时,才能予以确认。

2. 费用的分类

费用按其性质,可以分为营业成本和期间费用。

(1)营业成本是指销售商品或提供劳务的成本,其内容包括主营业务成本和其他业务成本。

(2)期间费用是指企业在日常活动中发生的,应直接计入当期损益的各项费用,如企业行政管理部门为组织和管理生产经营活动而发生的管理费用、企业为销售商品和提供劳务而发生的销售费用、企业为筹集资金而发生的财务费用。

(三)利润

利润是指企业在一定会计期间的经营成果。利润包括收入减去费用后的净额、直接计入当期利润的利得和损失等。

直接计入当期利润的利得和损失,是指应当计入当期损益、最终会引起所有者权益发生增减变动的、与所有者投入资本或者向所有者分配利润无关的利得或者损失。

利得(营业外收入):固定资产盘盈、处理固定资产净收益、出售无形资产收益、罚款净收入。

损失(营业外支出):固定资产盘亏、处理固定资产损失、罚款支出、捐赠支出、非常损失等。

通常情况下,如果企业实现利润,表明企业所有者权益增加,业绩得到了提升;反之,如果企业发生亏损,表明企业所有者权益减少,业绩下降。

以上三要素的关系:利润＝收入－费用,反映企业在某一时期的经营成果,是利润表编制的基础。

第三节　会计要素在会计沙盘上的描述

企业资金运动有静态表现和动态表现两种形式,静态表现为资金相对静止状态下的形态,用资产、负债和所有者权益三要素表示;动态表现为资金的循环与周转,用收入、费用、利润三要素表示。在会计沙盘模型中,分别表示为"沙堆▲"和"沙坑⊕"。

一、静态会计要素在会计沙盘中的表现形式

资金运动的静态表现是指资金相对静止状态下的表现形式,即在某一特定时点,企业有多少资金,这些资金从哪里来的,又以哪种方式被占用了,即企业的资产、负债和所有者权益三要素,亦称为静态会计三要素。

从"会计沙盘模型"中可以看到,会计静态三要素被有形实体化,它们都变成了看得见、摸得着的实体。资产是企业资金在某一时点的存在形态,在会计沙盘模型上通过"沙堆▲"的形态被模拟出来,债权人权益(简称负债)和所有者权益则是企业资金在某一时点的来源渠道,通过"沙坑⊕"的形态被模拟出来,如图2—12所示。

对于"企业拥有资金100万元"这个概念,如果要深入理解,就必须弄清楚其来龙去脉:一方面,资金从哪里来的,这涉及所有者权益和负债;另一方面,资金用到哪里去了,这涉及资产。所以,资产、负债和所有者权益这三个概念实际上是对同一对象从不同的角度进行理解而得出的两组概念,是一个事物的两个方面。因此,它们之间存在一定的数量关系:资产＝负债＋所有者权益。这种数量关系在会计沙盘模型上表现为:Σ沙堆体积＝Σ沙坑容积。

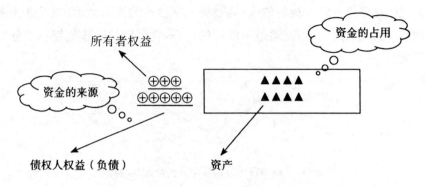

图2-12 静态会计要素在会计沙盘中的表现形式

二、动态会计要素在会计沙盘中的表现形式

资金运动的动态表现是指资金运动状态下的表现形式,即资金的循环和周转,表现为收入、费用和利润三要素,亦称为动态会计三要素。

我们分析一下企业的销售环节,假设企业销售产品,取得收入100000元,钱款已存入银行,该产品成本为60000元,其基本的资金运动如图2-13所示。我们可以看出,销售时资金的占用形态发生了变化,资金从"库存商品"流出,流入"银行存款"。但是,资金并不是直接运动过去的,二者的流量不同,库存商品流出60000元,但银行存款流入100000元。这是怎么回事呢?

(一)收入

图2-13只是一个简化的资金运动图。从企业的角度来看,销售活动由两部分构成:收钱与给货。相应地,其引起的资金运动也由两段构成:一段是向买方收取货款(即收钱),100000元的资金从买方流入企业,其所引起的资金运动为图2-14中的A段运动。另一段资金运动就是企业向买方提供60000元的产品(即给货),资金以库存商品的形态流出企业,其所引起的资金运动为图2-14中的B段运动,资金流入与流出之差就反映该笔经济业务所产生的净利得。

库存商品▲ - - - - - - - - - - - - - - →▲银行存款等

图2-13 销售环节基本资金运动

从图2-14可以看到,A段资金运动反映取得销售收入,B段资金运动反映所付出的代价。这样对某一笔单个销售业务而言,就可以通过"甲"这个沙坑的流出量来反映该笔业务所取得的收入;通过流入甲沙坑的流入量,可以反映为取得该笔收入所必须付出的耗费;通过甲沙坑的余额,就可以反映该笔销售业务所得到的毛利。

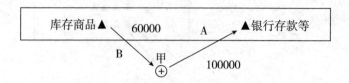

图 2—14　销售行为对销售环节资金运动的影响

(二)费用

某个会计期间或某个会计对象所取得的收入应与为取得该收入所发生的费用、成本相匹配,以正确计算在该会计期间该会计主体所获得的净损益,这个会计原则称为"会计配比原则"。

与收入相匹配的成本和费用,包括已销售货物的成本,还包括因为销售行为而发生的房租、水费、电费、人工费、宣传品及发放费等其他费用,这些成本和费用,都需要从对应的销售收入中得到补偿。假设企业为这笔销售还发生了 35000 元的其他费用。这些费用包括销售人员的薪酬、广告费、房租费、水电费等。这些费用按照时间关系配比的原则,应该从本期的销售收入中得到补偿。销售收入与相关费用的配比关系如表 2—1 所示。

表 2—1　销售收入与相关费用的配比关系

种类	内容	费用界定	配比类型	本题为例
数量线性关系	所售产品成本等	直接费用	因果关系	60000 元
非数量线性关系	销售人员薪酬、房租费、水电费、宣传费等	期间费用	时间关系	35000 元

这样,图 2—14 就需要增加一段反映其他费用的资金运动,其具体的转换为图 2—15 中 B_2 段所示。

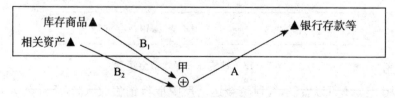

图 2—15　配比原则对销售环节资金运动的影响

至此,A 段运动反映收入的取得;B 段运动反映费用的发生,其中 B_1 段反映直接费用的发生,B_2 段反映期间费用的发生;甲项目的余额反映企业在一定时期所获得的净利润。

那么此时,我们就发现一个现象,取得销售收入时,甲项目代表的是收入;在有货流入时,甲项目代表毛利;在其他费用也流入时,甲项目又代表了净利润。这时甲就有了多重身份。从最终的情况来看,甲现在是一个代表 5000 元的沙坑,如果只看最终结果,你知道销售过程发生了什么吗?

(三)利润

对于决策者来说,不仅要知道当期的利润总额,还需要知道当期的总收入和总费用,而图 2—15 中的甲项目最终只能反映企业在一定时期的净利润。所以我们需要通过人为的干预,让本期所耗费的资产不直接冲销本期的收入甲项目,而是暂时在收入甲项目的附近停留下来,从而产生一个新的项目乙。其资金运动如图 2—16 中的 B_1 和 B_2 段所示。

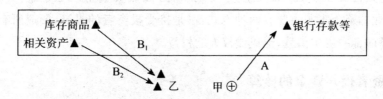

图 2—16　相关性原则对销售环节资金运动的影响

这样,在每销售一笔从而获得销售收入时,资金就发生 A 段运动,随着每一次收入的取得,甲沙坑的容积就会越来越大,到该会计期间结束时,甲沙坑的容积就代表本期的总收入量。与此同时,企业需要发生相关的资产耗费。每一次资产的耗费都会引起资金发生 B 段运动,随着费用的不断发生,乙沙堆的体积就会越来越大,到该会计期间结束时,乙沙堆的体积就代表本期的总费用量。

在期末时,把企业总的销售所得和总的费用支出相配比(即把甲的容积与乙的体积进行比较),就可以得出本期的净利润。

第三章 企业经济业务核算

第一节　筹集资金

工业企业的主要任务是通过生产,向社会提供合格的产品,满足各方面的需要。要生产产品,就必须要有一定数量的资金,作为从事经营活动的物质基础。因此,企业首要任务是筹集资金,于是就产生了筹集资金业务及其核算。

企业的资金来源主要有两种方式:一是接受投资者的投资,形成所有者的权益;二是向金融机构借款,形成债权人的权益。

一、投资者投入资金的核算

工业企业开始创办,必须具备国家法律规定的相应的资本金,也是一个企业独立承担民事责任的资金保证。《中华人民共和国公司法》对不同类型的企业组织形式的最低资金额做了规定:有限责任公司注册资本的最低限额为人民币 3 万元,股份有限公司注册资本的最低限额为 500 万元。企业创办后,在组织和开展生产经营活动过程中,会因扩大生产、偿还债务、调整资本结构等而出现资金短缺的现象。因此,企业首先应当根据国家和有关部门的规定,结合实际情况,从不同渠道采取多种方式筹集资金,以满足生产经营的正常需要。

为加强对所有者投入资金的核算,企业应根据不同渠道和方式的筹资设置相应的会计科目和账户,在收到所有者投入企业的资金后,应根据有关原始凭证,编制相应的会计分录,填制会计凭证。就所有者投入资金而言,企业应设置的主要账户有:

(一)"实收资本"(或股本)账户

为了核算企业实际收到的投资人投入的资本,应设置"实收资本"账户。"实

收资本"是指投资者按照企业章程或者合同、协议的约定,实际投入企业的资本
(股份有限公司称"股本"),是所有者权益的主要组成部分。企业的实收资本按照
投资主体的不同,分为国家投入资本、法人投入资本、个人投入资本和外商投入资
本;按照投入资本的不同形态,分为货币投资、实物投资、证券投资和无形资产投
资等。

该账户属于所有者权益类,用于核算和监督企业实收资本的增减变动情况及
其结果。企业实际收到投资者投入的资本,在贷方登记;按法定程序报经批准减
少的注册资本,在借方登记。期末余额在贷方,表明企业实际拥有的资本数额。
具体核算时,按投资者设置明细账进行明细核算。该账户的结构如图 3-1 所示。

借方	实收资本	贷方
登记:经核准减少的资本额	期初余额 登记:实际收到所有者投入企业的资本额	
	期末余额:实有资本总额	

图 3-1 实收资本账户结构及核算内容

(二)"资本公积"账户

资本公积是指企业收到投资者的超出其在企业注册资本中所占份额的投资,
以及直接计入所有者权益的利得和损失等,即投资者投入的超过其所认缴的资本
金的数额,不能计入实收资本,只能作为资本溢价计入资本公积。资本公积从实
质上看是一种准资本,它是资本的一种储存形式。"资本公积"账户就是用来核算
企业资本公积的增减变化及其结余情况的。该账户属于所有者权益类账户,其贷
方登记资本公积的增加,借方登记资本公积的减少,期末余额在贷方,表示企业资
本公积的实有数额。该账户的结构如图 3-2 所示。

借方	资本公积	贷方
登记:转增资本等减少额	期初余额 登记:资本公积增加额	
	期末余额:实有资本公积金	

图 3-2 资本公积账户结构及核算内容

3."银行存款"账户

银行存款是企业存放在银行的货币资金,为了加强对银行存款收支的管理,
企业应设置"银行存款"账户。该账户属资产类,当企业取得资金并存入银行时,

银行存款增加,应在借方登记;当企业通过银行支付资金时,银行存款减少,应在贷方登记。该账户的结构如图3—3所示。

借方	资本公积	贷方
登记:转增资本等减少额	期初余额 登记:资本公积增加额	
	期末余额:实有资本公积金	

图3—3 银行存款账户结构及核算内容

【例3—1】重庆长江机器股份有限公司收到A公司投资款100000元,已存入银行。

分析与处理:重庆长江机器股份有限公司收到投资款时,股本增加,应在贷方登记;款项已存入银行,银行存款增加,应在借方登记。编制会计分录如下:

借:银行存款 100000

　　贷:实收资本——A公司 100000

如投资款中有超出认缴资本金的数额,应将超出额记入"资本公积"。

如果投资者投入的是非货币性实物资产,应按投资合同或协议约定的价值确认实物资产的成本,借记"原材料"或"固定资产"等账户,贷记"实收资本"或"股本"账户。但合同或协议约定价值不公允的除外,这时需要进行重新评估确认实物资产的价值。

【例3—2】重庆长江机器股份有限公司发行10000股,每股面值1元,发行价为7元,股款已存入银行。

分析与处理:本案例中,股款已存入银行,企业银行存款增加7万元,同时,股票面值为1万元,应记入"实收资本",超出的6万元,应记入"资本公积"。编制会计分录如下:

借:银行存款　　　　　　　　　　70000

　　贷:实收资本　　　　　　　　　10000

　　　　资本公积　　　　　　　　　60000

二、短期借款的核算

企业为了满足正常的生产周转需要,往往需要向银行等金融机构借入资金。企业从债权人那里筹集到的资金形成负债,它表示企业的债权人对企业资产的要求权,即债权人权益。根据借款期限的长短,借入资金可以分为短期借款和长期借款。企业借入款项后,会增加资产和负债,并需要向债权人偿还本金及利息。因此,企业应加强对借入资金的管理与核算。在对短期借入资金进行核算时,则需要设置如下账户:

(一)"短期借款"账户

短期借款是指企业为满足正常生产经营的需要,向银行或其他金融机构等借入的期限在1年以下(含1年)的各种借款。企业取得各种短期借款时,应遵守银行或其他金融机构的有关规定,根据企业的借款计划及确定的担保形式,经贷款单位审核批准并订立借款合同后方可取得借款。企业应及时、如实地反映款项的借入、利息的结算和本息的偿还情况,为此应设置"短期借款"账户。该账户属负债类,贷方登记取得借款的本金数额,借方登记偿还借款的本金数额,余额在贷方,表示还未偿还的借款本金数额。同时,应按债权人的名称设置明细账户,进行明细核算。该账户的结构如图3—4所示。

借方	短期借款	贷方
登记:归还的短期借款	期初余额 登记:取得的短期借款	
	期末余额:尚未归还的短期借款	

图3—4　短期借款账户结构及核算内容

(二)"财务费用"账户

向银行借款是需要支付利息的,短期借款的利息属于筹资费用,按照权责发生制原则的要求,应设置"财务费用"账户,将利息确认为当期损益。该账户属于损益类,用来核算企业为筹集生产经营所需资金等而发生的各种筹资费用,包括利息支出(减利息收入)、佣金、汇兑损失(减汇兑损益)以及相关的手续费、企业发生的现金折扣或收到的现金折扣。借方登记应计入当期损益的利息费用,贷方登记转出数额。期末结转后,该账户应无余额。该账户的结构如图3—5所示。

借方	财务费用	贷方
登记:利息支出、手续费、汇兑损失等	登记:期末结转至本年利润的财务费用、利息收入、汇总收益等	
期末余额:结转后无余额		

图3—5　财务费用账户结构及核算内容

(三)"应付利息"账户

按权责发生制原则的要求,企业每个月都应当计算银行借款的利息,但在实际工作中,银行借款的利息一般是按季支付,为此,企业应按月预提季末支付银行借款利息。这就需要设置"应付利息"账户。该账户属于负债类账户,用来核算计算出来的应付给银行但未付的利息。贷方登记预提利息额,借方登记实际支付额。该账户的结构如图 3—6 所示。

借方	应付利息	贷方
已支付的利息	期初余额 登记:计提的应付未付利息	
	期末余额:尚未支付的利息	

图 3—6 应付利息账户结构及核算内容

【例 3—3】重庆长江机器股份有限公司 2017 年 1 月 1 日为满足生产经营需要,向银行取得期限为一年、年利率为 6% 的借款 100000 元,款项已存入银行。偿还方式为季末付息,到期一次还本。

分析与处理:(1)借入本金。向银行借入短期借款时,负债增加,应在贷方登记"短期借款";由于款项已存入银行,则银行存款增加,应在借方登记"银行存款"。编制会计分录如下:

借:银行存款 100000
　　贷:短期借款 100000

(2)计提利息费用。关于计提借款利息的账务处理,将在月末进行。根据权责发生制原则,企业在借款到期前每月末都要计提利息费用。重庆长江机器股份有限公司 2017 年 1 月 31 日计提短期借款利息,编制会计分录如下:

借:财务费用 500
　　贷:应付利息 500

2 月的计提利息的会计分录与 1 月相同。

在每季末的最后一个月,由于要实际支付利息,因此,每季度最后一个月的利息不需要计提,编制会计分录如下:

借:应付利息 1000
财务费用 500
　　贷:银行存款 1500

(3)偿还本金。2017 年 12 月 31 日借款期满,偿还借款本金时,编制会计分录如下：

借：短期借款 100000

　　贷：银行存款 100000

根据重要性原则，对于短期借款的利息，如果金额不大，也可不分期计提利息，而是在到期支付本息时全部作为当月的财务费用处理。相当于借款的偿还方式为到期一次还本付息。在这种情况下，例3—3的账务处理如下：

借入本金时，编制会计分录如下：

借：银行存款 100000

　　贷：短期借款 100000

到期还本付息时，编制会计分录如下：

借：短期借款 100000

　财务费用 6000

　　贷：银行存款 106000

三、长期借款的核算

长期借款是企业向银行或其他金融机构借入的偿还期在1年以上（不含1年）的各种借款，一般用于固定资产的购建、改扩建工程、大修理工程、对外投资以及为了保持长期经营能力等需要。

企业通过设置"长期借款"账户，核算长期借款的借入和归还情况，并按债权人设置明细账进行明细核算。贷方登记企业长期借款本息的增加额，借方登记各种长期借款本息的减少额，期末余额在贷方，表示尚未归还的长期借款数。在实际工作中，利息的处理是分月计提，按季支付；也可按年支付或到期一次还本付息。

【例3—4】重庆长江机器股份有限公司2017年1月1日，为扩建一条生产线，向银行借款100000元，期限三年，年利率8%，每年计息一次，到期一次还本付息。借款已到账。

分析与处理：本业务中，借款是用于扩建生产线，且期限为三年，因此为长期借款。借款已到账，应增加银行存款。借款时，编制会计分录如下：

借：银行存款 100000

　　贷：长期借款——本金 100000

根据权责发生制原则的要求，长期借款的利息应根据借款用途不同分别处理。在本案例中,借款是用于扩建生产线,借款利息应在生产线达到预定可使用状态之前计入工程成本,即记入"在建工程"科目,达到预定可使用状态之后的利息则应记入"财务费用"。因此,重庆长江机器股份有限公司 2017 年 12 月 31 日计提该长期借款利息时,编制会计分录应如下:

借:在建工程 8000

　　贷:长期借款——应计利息 8000

第二节　购买业务

为了让生产顺利地进行下去,工业企业在取得资金后,就需要采购各种材料物资。

一、采购成本的构成

企业在采购材料过程中,既要通过支付货款从供应单位购进各种材料物资,同时还将支付材料物资购进过程中发生的各种采购费用,因此,购入材料的成本包含材料的买价和采购费用。其中,购入材料的买价是指企业购入材料时发票上列明的价款,但不包括按规定可以抵扣的增值税进项税额。

采购费用包括运杂费和相关税费。运杂费是指购进材料时发生的运输费、装卸费、过路过桥费、包装费、保险费、运输中的仓储费、运输途中的合理损耗等费用,以及购进材料验收入库前的挑选整理费用;相关税费是指企业购进材料时发生的进口关税、消费税、资源税和不能抵扣的增值税进项税额等。

也就是说,材料的采购成本包括了从购买到入库之前所发生的支出,但不包括准予抵扣的增值税。——专设采购机构的经费计入管理费用,一般不计入材料的采购成本。

【例 3—5】重庆长江机器股份有限公司采购甲材料一批,增值税发票上注明价款 10000 元,增值税 1700 元,另支付装卸费 500 元,途中保险费 1000 元。重庆长江机器股份有限公司为一般纳税人。求该批材料的成本。

分析与处理:材料买价 10000 元;采购费用＝500＋1000＝1500(元),按照《中华人民共和国税法》的规定,可以抵扣的增值税不能计入所购材料的成本,应单独在"应交税费"中核算。因此,该批材料的成本为 11500 元。

二、采购业务的核算

工业企业在采购过程中,以货币资金购买生产所需各种材料,形成材料储备,以保证生产的连续进行,使货币资金转化为材料资金。在采购过程中,将支付材料买价、运杂费、相关税费等,这就要求企业设置相应的账户,加强对采购业务的核算。在实际工作中对于材料采购业务核算设置的账户主要有:

(一)"在途物资"账户

该账户属于资产类,用于归集企业购入的各种材料的买价和采购费用,核算材料采购的实际成本。借方登记购入材料的买价和采购费用,贷方登记验收入库转入"原材料"账户的实际成本,余额在借方,表示期末还没到达或没入库的在途材料的实际成本。

为了分类计算每一种材料的实际采购成本和监督材料采购计划的执行情况,应按材料的类别、品种、规格分别设置"在途物资"明细分类账,进行明细分类核算。

"在途物资"账户的结构如图 3-7 所示。

借方	在途物资	贷方
登记:买价、采购费用	期登记:结转入库材料的 实际成本	
期末余额:反映在途材料的实际成本		

图 3-7 在途物资账户结构及核算内容

(二)"应交税费"账户

该账户属于负债类,用来核算企业按照《中华人民共和国税法》规定计算应缴纳的各种税费,包括增值税、消费税、营业税、所得税、资源税、教育费附加等。贷方登记各种应交税金和增值税销项税额,借方登记已缴纳的各种税金和增值税进项税额,期末贷方余额为未交的税金,借方余额为多交的税金。该账户应按税金种类设置明细账,进行明细核算。

按照《中华人民共和国增值税暂行条例》的规定,购进的材料通过生产过程变成产品并进行销售,在整个流通过程中产生了增值额,应缴纳增值税,并实行进项税额抵扣制。因此,企业应设置"应交税费——应交增值税"账户,用来反映和监督企业应交和实交增值税结算情况,并在"应交税费——应交增值税"账户下,分设"进项税额""销项税额""已交税金""出口退税""进项税额转出"等专栏进行明细核算。在采购材料时应向供货方支付准予从产品销售税金中抵扣的进项税额,不构成材料的采购成本,不应记入"在途物资"账户的借方,而应单独在借方登记"应交税费——应交增值税(进项税额)"。在产品销售实现时,应在贷方登记"应交税费——应交增值税(销项税额)"。

增值税纳税人分为一般纳税人和小规模纳税人,如果是小规模纳税人,购进材料时发生的增值税,应计入材料的采购成本,即不通过"应交税费——应交增值税(进项税额)"核算。对于一般纳税人而言,增值税是对企业在生产经营过程中新创造的那部分价值征税。然而新增价值或商品附加值在商品流通过程中是一个难以准确计算的数据。实际上采用间接计算法,即从事货物销售以及提供应税劳务的纳税人,要根据货物或应税劳务销售额,按照规定的税率计算税额,然后扣除上一道环节已缴纳增值税额,其余额为纳税人应缴纳的增值税。

(1)销项税额。销项税额是纳税人销售货物或提供应税劳务,按照销售额或应税劳务收入和规定的税率计算向买方收取的增值税额。一般纳税企业的销项税额应在销售货物或提供应税劳务时所开出的增值税专用发票上注明其金额。

(2)进项税额。进项税额是购进货物或接受应税劳务时支付的增值税额,通常是购进货物或接受劳务时销售方或提供应税劳务方提供的增值税专用发票中列明的金额。

(3)应纳税额。应纳税额是纳税人实际应缴纳的增值税额,计算公式为:应纳税额＝当期销项税额—当期进项税额。

"应交税费—应交增值税"账户结构如图3-8所示。

借方	应交税费——应交增值税	贷方
登记:企业购进货物或接受应税劳务支付的进项税额,以及实际缴纳的增值税		登记:销售货物或提供应税劳务应缴纳的增值税、出口货物税、转出支付或应分担的增值税
期末借方余额:反映企业多交或尚未抵扣的增值税		期末贷方余额:反映企业尚未缴纳的增值税

图3-8 应交税费——应交增值税账户结构及核算内容

(三)"应付账款"账户

企业为了扩大销售,占领市场,可能对资金紧张的企业实施赊销策略,即购买方暂不付款。此时,购买企业应设置"应付账款"负债类账户,以核算企业因采购材料物资或接受劳务供应等应付而未付给对方的款项的发生和支付情况。该账户贷方登记应付给供应单位的款项,借方登记已偿付的应付款项。期末余额在贷方,表示尚未偿还的应付款项。

为了具体反映与各供应单位之间的债务结算情况,"应付账款"账户应按供应单位的名称设置明细分类账,进行明细核算。

"应付账款"账户结构如图3—9所示。

借方	应付账款	贷方
登记:偿还的应付账款		登记:因购买应付未付的款项
		期末余额:反映尚未偿还的账款

图3—9　应付账款账户结构及核算内容

在实际会计工作中,根据采购业务款项支付的具体情况不同,还可能涉及"应付票据""预付账款""银行存款"等账户。如采购时向供应单位开出了商业汇票,就应在贷方登记"应付票据";如果采购之前预先支付了款项,采购时就应用预付款项进行抵扣,并多退少补,此时应在贷方登记"预付账款";如采购时已支付货款,应在贷方登记"银行存款"。

【例3—6】2017年1月2日,重庆长江机器股份有限公司购入甲材料1000千克,单价100元,应交增值税17000元,运杂费1000元,款已用银行存款支付。

分析与处理:根据"在途物资"账户的核算内容,重庆长江机器股份有限公司1月2日购入材料的成本应包括买价和运杂费,即为1000＋100＋1000＝101000(元),应借记"在途物资";因采购甲材料应交的增值税17000元,属于进项税额,应借记"应交税费——应交增值税(进项税额)";由于款项已用银行存款支付,银行存款减少,应在贷方登记。编制会计分录如下:

借:在途物资——甲材料 101000
　应交税费——应交增值税(进项税额)17000
　　贷:——银行存款 118000

【例3—7】1月5日,重庆长江机器股份有限公司向B公司购入乙材料1000千克,单价150元,增值税25500元,款项未付。

分析与处理:本例中,由于款项没有支付,形成了应付而未付的负债,即负债增加,应贷记"应付账款",并按收款方设置明细账。编制会计分录如下:

借:在途物资——乙材料 150000

应交税费——应交增值税(进项税额)25500

　　贷:应付账款——B 公司 175500

【例 3—8】1 月 7 日,重庆长江机器股份有限公司从 C 公司购入甲、乙两种材料。甲材料 1250 千克,单价 80 元,计 100000 元;乙材料 2000 千克,单价 125 元,计 250000 元。买价共计 350000 元,增值税 59500 元,款项已通过银行存款支付。另外,以银行存款向运输公司支付运杂费 6500 元。

分析与处理:本例中,同时采购了两种材料,应在在途物资账户下分别按材料名称设置明细账,由于款项已通过银行存款支付,因此,应减少银行存款,在贷方登记。

支付买价和增值税编制会计分录如下:

借:在途物资——甲材料 100000

　　　　　——乙材料 250000

应交税费——应交增值税(进项税额)59500

　　贷:银行存款 409500

运杂费等采购费用应计入采购材料的成本,但如在发生时不能分清各种材料应负担的费用额,应按一定的分配标准,采用一定的分配方法,在所采购的各种材料之间进行分配。常用的分配标准有材料的买价和材料的重量或体积等。

采购费用分配率=采购费用/材料的买价或重量

某种材料应分担的采购费用=该材料的重量或买价×采购费用分配率

本例采用材料的重量(甲材料 1250 千克,乙材料 2000 千克)标准进行分配。

运杂费分配率=6500/(1250+2000)=2(元/千克)

甲材料应分担的运杂费=1250×2=2500(元)

乙材料应分担的运杂费=2000×2=4000(元)

或:乙材料应分担的运杂费=6500-2500=4000(元)

当将采购费用在各种材料之间分配确定后,由于其属于材料采购成本的一部分,在材料采购成本尚未结转之前,先计入"在途物资"及其所属明细账的借方。

借:在途物资——甲材料 2500

　　　　　——乙材料 4000

　　贷:银行存款 6500

三、采购成本的计算

为加强对材料的明细核算,需登记"在途物资"明细账,并计算采购成本。"在途物资"明细账一般直接用借贷余三栏式。在实际工作中,根据所填制的记账凭证登记明细账,在登记时,应注明所依据的记账凭证的种类和号数。

四、材料入库业务的核算

采购过程结束,"在途物资"账户所担负的任务完成,材料由采购转入库存,应将采购成本从该账户的贷方转出。为了核算库存材料的成本,需要设置"原材料"账户。

"原材料"账户属于资产类,用来核算企业库存材料的收入、发出和结存情况。在实际成本法下,借方登记验收入库的材料的实际成本,贷方登记发出材料的实际成本,期末余额在借方,表示库存材料的实际成本。

为了具体核算、监督各种材料的增减变动和结存情况,"原材料"账户应按购入材料的类别、品种、规格分别设置明细分类账,进行明细分类核算。该账户结构如图 3-10 所示。

借方	原材料	贷方
期初余额 登记:入库材料的成本	登记:发出材料的成本	
期末余额:反映实有库存材料		

图 3-10　原材料账户结构及核算内容

设置账户后,便可根据"材料采购成本计算表"编制结转采购成本的会计分录。

如果企业的原材料按计划成本核算,则还应设置"材料成本差异"账户。该账户属于资产类的调整账户,用来核算采购材料的实际成本与计划成本之间的差异。这一内容将在后续课程"初级会计实务"中重点学习。

在实际成本核算法下,如果原材料入库的时间与付款时间一致,也可以不通过"在途物资"账户核算,直接借记"原材料"。

【例 3-9】2017 年 1 月 8 日,重庆长江机器股份有限公司 2 日购入的甲材料到达,并验收入库。结转甲材料采购成本。

分析与处理: 2 日购买的甲材料到达,并已验收入库,原材料增加,应在借方登记,同时采购结束,应将"在途物资"归集的采购成本结转到"原材料"中去,即在贷方登记"在途物资"。编制会计分录如下:

借:原材料——甲材料 101000
　　贷:在途物资——甲材料 101000

【例3—10】1月10日,重庆长江机器股份有限公司7日从C公司购入的甲、乙材料均到达并验收入库。结转甲、乙材料的采购成本。

分析与处理:采购的甲、乙材料均验收入库,应将"在途物资"归集的采购成本结转到"原材料"账户。根据例3—8可知,甲材料购价100000元,分摊的运杂费2500元,甲材料成本应为102500元;同理,乙材料成本应为254000元。编制会计分录如下:

借:原材料——甲材料 102500
　　　——乙材料 254000
　贷:在途物资——甲材料 102500
　　　——乙材料 254000

五、外购固定资产和无形资产业务的核算

(一)外购固定资产的核算

工业企业要生产产品,必须具有办公楼、厂房、机器设备等资产,这类资产是为生产商品、提供劳务、出租或经营管理而持有的,是使用寿命超过一个会计年度的有形资产,会计上称为固定资产,主要包括房屋及建筑物、机器、机械、运输设备等。2006年2月15日,财政部根据《中华人民共和国会计法》《企业会计准则——基本准则》的规定,制定了《企业会计准则第4号——固定资产》。

同时,自2011年1月1日起,随着《中华人民共和国增值税暂行条例》(以下简称《条例》)及其《实施细则》(以下简称《细则》)的正式实施,增值税转型改革在全国范围内正式推行。此次改革的一项核心内容是"允许企业新购入的机器设备等固定资产所含进项税额在销项税额中抵扣"。但不是所有固定资产的进项税额都可以抵扣。《条例》及《细则》规定:购进固定资产取得增值税发票可以抵扣销项税额,但购进用于非应税项目、免税项目、集体福利或者个人消费(包括纳税人的交际应酬消费和自用的应征消费税的轴承、小汽车、游艇)的固定资产(含混用的机器设备)及属于营业税应税项目的不动产以及发生的不动产在建工程(包括新建、改建、扩建、修缮、装饰不动产的原料费和修理费)不允许抵扣进项税额。按照《营业税改增值税试点实施办法》,2016年5月1日后取得并在会计制度上按固定资产核算的不动产或者2016年5月1日后取得的不动产在建工程,其进项税额应自取得之日起分2年从销项税额中抵扣,第一年抵扣60%,第二年抵扣40%;原增值税一般纳税人自用应征消费税的摩托车、汽车、游艇进项税额准予从

销项税额中抵扣。

由于固定资产使用期限较长,金额较大,为此,企业应按照会计准则的要求加强对固定资产的管理与核算。

1.固定资产初始价值的确认

企业外购固定资产的成本包括:实际支付的购买价款、相关税费(不含增值税)、运输费、装卸费、专业人员服务费等。为了加强对固定资产的核算,需要设置"固定资产"账户。该账户属于资产类,用来核算企业固定资产的原价,借方登记企业增加的固定资产原价,贷方登记减少的固定资产原价,期末余额在借方,反映企业期末固定资产的原值。同时应按固定资产类别、使用部门等设置明细账,进行明细核算。

2.固定资产折旧的账务处理

固定资产在使用过程中,一方面会因磨损而减值,另一方面会因技术进步而贬值,我们把前者称为有形损耗,后者称为无形损耗。固定资产的价值会随着损耗的发生而减少,这种因损耗减少的价值称为折旧。同时,企业通过计提折旧的方式将固定资产因损耗而减少的价值转移到产品成本或期间费用中去。为反映固定资产因损耗而减少的价值,需要设置"累计折旧"账户。

"累计折旧"账户属于资产类,用来核算和监督固定资产已提折旧的累计情况。其贷方登记按月计提的固定资产折旧额,借方登记因减少固定资产而减少的累计折旧额,期末余额在贷方,表示累计已提取的折旧额。同时,"累计折旧"是"固定资产"账户的备抵调整账户,累计折旧越多,固定资产净值越少。因此,"累计折旧"账户的记账规则与一般资产账户的记账规则相反,即借减贷增。

"累计折旧"账户结构及核算内容如图 3—11 所示。

借方	累计折旧	贷方
登记:因减少固定资产而减少的累计折旧额	期初余额	
	登记:当月计提的固定资产折旧额	
	期末余额:累计已提取的折旧额	

图 3—11　累计折旧账户结构及核算内容

3.固定资产处置的账务处理

企业在生产经营过程中,可能将不适用或不需用的固定资产对外出售转让,或因磨损、技术进步等原因对固定资产进行报废,或因遭受自然灾害而对毁损的固定资产进行处理。这些事项统称为固定资产处置。处于处置状态的固定资产,不再用于生产产品、提供劳务、出租或经营管理,因此,不再符合固定资产的定义,应予以终止确认。在进行会计核算时,应按规定程序办理有关手续,结转固定资产的账面价值,计算有关的清理收入、费用及残料价值等。

固定资产处置的账务处理一般包括以下五个环节:

①固定资产转入清理。

②清理费用的处理。

③出售收入或残料的处理。

④保险赔偿的处理。

⑤清理净损益的处理。

(二)外购无形资产的核算

企业在生产经营过程中,需要有一定的无形资产,如专利权、非专利技术、商标权、著作权、土地使用权、特许权等。这些资产虽然没有实物形态,但仍然能给企业带来一定的经济利益,企业也需加强对无形资产的核算。对于无形资产的核算,应设置"无形资产"账户,该账户属于资产类,用来核算企业持有的无形资产的成本,借方登记取得无形资产的成本,贷方登记出售无形资产时转出的无形资产账面余额,期末余额应在借方,反映企业无形资产的成本。

六、购买交易性金融资产业务的核算

当企业筹集到的资金在用于生产经营后,还有暂时闲置资金时,为了充分利用资金,给企业带来更多收益,可以将闲置资金用于购买股票、债券、基金等交易性金融资产进行投资。

金融资产主要包括库存现金、银行存款、应收账款、应收票据、贷款、其他应收款、应收利息、债权投资、股权投资、基金投资、衍生金融资产等。

交易性金融资产通常是指企业为了近期内出售而持有的金融资产,如企业从二级市场上购买的股票、债券、基金等。由于购买交易性金融资产是为了近期出售或回购,属于投资活动,因此,交易性金融资产不包括库存现金、银行存款、应收款项等。

为了核算交易性金融资产的取得、收取现金股利或利息、处置等业务,企业应当设置"交易性金融资产""公允价值变动损益""应收股利""投资收益"等账户。

(一)"交易性金融资产"账户

该账户属于资产类账户,用来核算企业为交易目的所持有的债券投资、股票投资、基金投资等交易性金融资产的增减变动及结存情况。借方登记购入交易性金融资产时的初始入账价值,贷方登记企业出售交易性金融资产转出的成本等,期末余额在借方,反映企业持有的交易性金融资产的公允价值。在具体核算时,应当按照交易性金融资产的类别和品种,分别以"成本""公允价值变动"进行明细核算。

(二)"公允价值变动损益"账户

该账户属于损益类账户,用来核算企业交易性金融资产、交易性金融负债,以及采用公允价值模式计量的投资性房地产、衍生工具、套期保值业务等公允价值变动形成的应计入当期损益的利得或损失。在核算交易性金融资产时,借方登记交易性金融资产公允价值低于其账面价值的差额,贷方登记交易性金融资产公允价值高于其账面价值的差额。期末应将其余额转入"本年利润"账户,结转后无余额。

(三)"应收股利"账户

该账户属于资产类账户,用来核算企业应收取的现金股利和应收取其他单位分配的利润。借方登记企业应收取的现金股利或利润,贷方登记企业已收到的现金股利或利润,期末应将其余额转入"本年利润"账户,结转后无余额。

(四)"投资收益"账户

该账户属于损益类账户,用来核算企业确认的投资收益或投资损失。借方登记企业本期发生的投资损失,贷方登记企业本期取得的投资收益。期末应将其余额转入"本年利润"账户,结转后无余额。

第三节　生产业务

工业企业购买材料的目的是生产产品。在生产过程中,工人利用劳动手段对劳动对象进行加工,生产出各种产品。因此,企业在生产过程中,就要不断地领用材料,同时还会耗用燃料、动力、人工、机器设备等,而且材料是构成产品实体的主要部分,这些耗费所产生的费用称为生产费用,构成产品的成本。

一、材料费用的核算

由于产品成本要从产品销售后的收入中得到补偿,所以,只有正确计算产品的成本,才能保证生产耗费的收回和生产过程的不断进行。但是,企业领用材料的成本和发生的其他耗费,即生产费用,不一定全部专属于某一种产品或某一个部门。那么,发出材料的成本和其他耗费,就需要根据领用部门和用途的不同进行合理分配,分别计入不同产品的成本或相关费用中去。会计部门为了核算这些成本或费用,也就需要设置相应的成本或费用账户。这些账户主要包括:

(一)"生产成本"账户

该账户属成本类账户,用来归集和分配产品生产过程中所发生的各项费用,以便正确计算产品生产成本。该账户借方登记应计入产品成本的全部生产费用,包括直接材料、直接人工以及分配计入产品成本的制造费用;贷方登记完工入库产品的实际生产成本。如有余额,应在借方,表示尚未完工的在产品的成本。为了具体核算和监督各产品生产费用的支出情况,计算各产品的成本,还应按成本计算对象设置明细账,并按适用的成本项目设置专栏,进行明细核算。

(二)"制造费用"账户

该账户属成本类账户,用来核算企业生产车间为生产产品或提供劳务而发生的各项间接费用,包括车间管理人员的工资和福利费、固定资产折旧费、水电费、办公费、物料消耗、劳动保护费等。借方登记本期内发生的各项制造费用,贷方登记按一定方法分配转入"生产成本"账户的制造费用。期末结转后,该账户一般无余额。该账户应按不同车间设置明细账,进行明细分类核算。

(三)"管理费用"账户

该账户属损益类账户,用来核算企业行政管理部门为组织和管理生产经营活动而发生的各项费用,包括行政管理部门领用的材料费、人员的工资、折旧费、工会经费、业务招待费、房产税、技术转让费、无形资产摊销费、职工教育经费、劳动保护费等。借方登记本期内发生的各项管理费用,贷方登记期末转入"本年利润"账户的数额,期末结转后,该账户无余额。该账户应按费用项目设置明细账,进行明细核算。

在实际工作中,还可能涉及"在建工程""销售费用""研发支出"等账户。这些账户将留在以后的课程中学习。

企业发出材料的费用,按谁使用谁承担的原则计入上述成本账户或费用账户。具体来说,生产产品直接耗用材料的成本,计入"生产成本";车间一般耗用材料的成本,计入"制造费用";企业行政管理部门耗用材料的成本,计入"管理费用";修建工程耗用材料的成本,计入"在建工程";专设销售部门耗用材料的成本,计入"销售费用";研发无形资产耗用材料的成本,计入"研发支出"。

企业生产过程中为产品生产领用的材料,能直接计入某种产品成本的,领用时借记"生产成本"账户,贷记"原材料"账户;不能直接计入产品成本的,则借记"制造费用"账户,贷记"原材料"账户,期末时,再按一定标准分配计入相关产品成本。

二、薪酬费用的核算

在产品生产过程中,即使是现代化的机械生产,也同样需要消耗人力资源,企业应当给职工支付劳动报酬,劳动报酬是企业生产费用的重要组成部分。但企业支付的劳动报酬,并不是全部作为生产费用计入产品成本,而需要根据劳动对象的不同,分别计入不同账户进行核算。实际核算时应设置"应付职工薪酬"账户。

"应付职工薪酬"账户属于负债类账户,用来核算企业应付职工薪酬的提取、结算、使用等情况。借方登记实际发放的职工薪酬数额,贷方登记已分配记入有关成本费用项目并应付给职工的薪酬数额,如有余额,应在贷方,表示企业应付未付的职工薪酬。实际工作中,应按"工资""职工福利""社会保险费""住房公积金""工会经费""职工教育经费""非货币性福利"等项目设置明细账,进行明细核算。

企业应根据生产过程中发生的工资费用,编制工资费用分配汇总表,并据以编制会计分录,填制会计凭证。在进行账务处理时,职工薪酬分配的基本原则是:产品生产工人的工资计入产品生产成本,车间管理人员的工资计入制造费用,行政管理人员的工资计入管理费用,销售人员的工资计入销售费用等。

三、折旧费和水电费的核算

固定资产价值较大,使用期限较长,而在使用过程中,又存在损耗,为了日后在固定资产不能继续使用时,有足够的资金购买新的固定资产,企业应当根据固定资产的性质和使用情况,合理确定固定资产的使用寿命和预计净残值,并在寿命期内采用一定的方法对固定资产计提折旧。

企业产品生产过程中发生的水电费,也应当按照谁使用谁承担的原则进行分配,计入相关产品的成本或费用中去。分配原则跟前面的材料、工资等一样,产品耗用的直接计入产品成本,车间一般耗用的计入制造费用,行政管理部门耗用的计入管理费用。

水电费核算所需要的账户,在前面已设置,这里不再赘述;对于固定资产折旧的账户设置,详见前述"固定资产折旧的账务处理"。

四、期间费用的核算

企业在生产经营过程中,除发生筹资、购买、生产、销售等主要业务外,还会因管理、筹资、销售等原因而发生期间费用。期间费用是指企业本期发生的、不能直接或间接归入营业成本,而是直接计入当期损益的各项费用,包括销售费用、管理费用和财务费用等。这些费用是随着时间推移而发生的与当期产品的管理和产品销售直接相关,而与产品的产量、产品的制造过程无直接关系,即容易确定其发生的期间,而难以判别其所应归属的产品,因而不能列入产品制造成本,而在发生的当期从损益中扣除。在对期间费用进行核算时,涉及的账户主要有"管理费用""销售费用""财务费用",前面已经设置。另外还可能需要设置"其他应收款"等账户。

"其他应收款"账户属于资产类账户,核算企业除应收账款、应收票据、预付账款以外的各种应收赔款、租金、备用金以及应向职工收取的各种垫付款项等。发生各种其他应收款时在借方登记,收回时在贷方登记,期末余额在借方,表示企业应收而未收回的其他应收款。该账户应按债务人设置明细账,进行明细核算。

五、制造费用的分配与结转

如前所述,制造费用是无法直接计入产品生产成本的生产费用,需要用"制造费用"账户进行归集,到期末时再进行分配,计入产品成本,分配的标准一般有产品的产量、工时、重量、体积等。通过分配,将"制造费用"结转到"生产成本",结转后,"制造费用"账户无余额。

六、完工产品成本的计算与结转

产品在生产过程中,耗费了材料费、人工费、制造费等,并直接或间接地计入了"生产成本"。在产品完工并验收入库后,生产过程已结束,就应当把完工产品的成本结转出来,即把成本从生产资金转为商品资金。为了核算完工入库产品的成本及其增减变动情况,需要编制产品成本计算单,并设置"库存商品"账户。

"库存商品"账户属于资产类账户,用来核算企业库存的各种商品成本的增减变动及其结存情况,借方登记验收入库的库存商品成本,贷方登记发出的库存商品成本,期末余额在借方,反映现有库存商品的成本。该账户应按商品的种类、品种、规格设置明细账,进行明细核算。

第四节　销售业务

能准确确认产品销售收入,并能正确计算和核算产品销售业务所涉及的销售收入、销售成本、销售费用、销售税金。

当产品生产完工后,将转为库存,形成库存商品。而工业企业生产产品过程中发生了直接或间接费用,企业只有通过对库存商品的销售,才能收回这些费用,并实现利润,以保证企业进行再生产的资金需要。

一、产品销售收入和税金的核算

通过销售,企业一方面可以取得销售商品的收入,另一方面还会发生一些销售费用,如运输费、包装费、广告费等。收入使利润增加,而费用的发生又使利润减少。同时,销售过程中由于有资金往来,很容易出现贪污、挪用等犯罪行为。因此,企业应加强对销售业务的核算,包括现金、转账、商业汇票等结算方式下销售收入的确认、销售税金的计算、销售成本的结转等。通过加强对销售业务的核算,促使企业努力增加收入、节约费用,尽可能多地实现利润。

企业销售商品后,应根据相应的发票、收账单及购销协议,分析商品所有权上的主要风险和报酬是否转移给买方、与交易相关的经济利益是否能够流入企业、相关的收入和成本是否能够可靠地计量,从而确认销售收入。

在核算产品销售业务时,企业需要设置以下账户:

(一)"主营业务收入"账户

该账户属损益类账户,用来核算企业在销售商品、提供劳务及让渡资产使用权等日常活动中所取得的收入,工业企业的主营业务收入主要包括销售产品、自制半成品、代制品、代修品及提供工业性劳务等实现的收入。该账户记账规则为借减贷增,即贷方登记企业销售产品、提供劳务及让渡资产使用权所取得的主营业务收入;借方登记发生的销售退回和转入"本年利润"账户的收入;期末将本账户余额结转至"本年利润"账户后,应无余额。实际工作中,该账户应按主营业务的种类设置明细账,进行明细核算。

(二)"应收账款"账户

该账户属于资产类账户,用来核算企业因销售商品、提供劳务等业务,应向购货单位或接受劳务的单位收取的款项,包括贷款、增值税、代垫的运杂费等。其记账规则为借增贷减,即借方登记企业因销售商品或提供劳务等发生的各种应收账款;贷方登记实际收到的应收账款以及转作坏账损失的应收账款。期末有余额应在借方,表示企业应收而未收到的款项。为了具体反映企业与每一购货单位的款项结算,应按购货单位名称设置明细账,进行明细分类核算。

(三)"应收票据"账户

该账户属于资产类账户,用来核算企业因销售商品、提供劳务等而收到的商业汇票的增减变化情况。借方登记企业取得的商业汇票的面值,贷方登记到期收回票款或到期前向银行申请贴现或转让而减少的商业汇票金额,期末余额在借方,反映企业当前持有的商业汇票的票面金额。

二、产品销售费用的核算

销售费用是指企业在销售商品和材料、提供劳务过程中发生的各项费用,包括企业在销售商品过程中发生的包装费、保险费、展览费和广告费、商品维修费、预计产品质量保证损失、运输费、装卸费等费用,以及企业发生的为销售本企业商品而专设的销售机构的职工薪酬、业务费、折旧费、固定资产修理费等费用。企业应通过"销售费用"科目和账户,核算销售费用的发生和结转情况。

该账户属于损益类账户,用来核算企业销售商品过程中发生的装卸、包装、运输、广告、展销等各项费用以及为销售本企业产品而专设的销售机构的职工工资等经营费用。借方归集实际发生的销售费用,贷方登记期末转入"本年利润"账户的数额,结转后应无余额。实际工作中,销售费用账户按费用项目设置明细账户,进行明细分类核算。

三、主营业务成本的核算

产品生产完工后,将生产成本结转至库存商品,生产资金转化为商品资金。

当商品销售后,商品已不存于企业,其成本也应从库存商品转出至"主营业务成本"账户,以便收入与成本相互配比,从而保证利润计算的正确性。

"主营业务成本"属于损益类账户,企业在销售产品、提供劳务及让渡资产使用权等日常活动中所发生的实际成本,记账规则为借增贷减,即借方登记结转已售产品、提供劳务等的实际成本,贷方登记当月发生销售退回的产品成本和期末转入"本年利润"账户的成本,期末将本账户的余额结转至"本年利润"账户后,应无余额。实际工作中,该账户应按主营业务的种类设置明细账,进行明细核算。

四、其他销售业务的核算

工业企业其他销售业务是指除产品销售以外的销售,比如,购进材料的目的是满足产品生产的需要,但有时也会因为材料过剩、友好单位需要或毁损、变质等原因而销售材料。这种销售应属于其他销售业务而非主营业务,在进行会计核算时,应设置"其他业务收入"和"其他业务成本"账户。

(一)"其他业务收入"账户

该账户属于损益类账户,用来核算企业其他业务取得的收入,如工业企业销售材料取得的收入。贷方登记企业获得的其他业务收入,借方登记期末结转至"本年利润"账户的其他业务收入,期末结转后,应无余额。实际工作中,该账户应按其他业务的种类设置明细账,进行明细核算。

该账户的结构和记账规则与"主营业务收入"相同,只是核算的具体内容不是主营业务取得的收入。

(二)"其他业务成本"账户

该账户属于损益类账户,用来核算企业其他业务所发生的支出,包括为获得其他业务收入而发生的相关成本、费用、税金等。借方登记其他业务发生的各项支出,贷方登记期末结转至"本年利润"账户的其他业务支出,期末结转后,应无余额。实际工作中,该账户应按其他业务的种类设置明细账,进行明细核算。

该账户的结构和记账规则与"主营业务成本"相同,只是核算的具体内容不是主营业务发生的成本,而是与其他业务收入对应的其他业务的成本。

五、营业税金的核算

按照现行税法的规定,企业销售产品、提供工业性劳务等应负担销售税金和教育费附加,主要包括消费税、城市维护建设税、营业税、资源税和教育附加等。企业应通过"税金及附加"和"应交税费"账户加强对销售税金的核算。"应交税费"账户在前面已经介绍,在此只介绍"税金及附加"账户。

"税金及附加"账户属于损益类账户,用来核算企业日常活动应负担的税金及附加,包括消费税、城市维护建设税、教育费附加等,但不包括增值税。其记账规则为借增贷减,即按税法规定计算的应由主营业务负担的税金和附加,应在借方登记,企业收到的先征后返的消费税、营业税以及期末转至"本年利润"账户的税金及附加,应在贷方登记,期末结转后应无余额。

第五节　期末业务

在持续经营假设下,为了准确、及时地提供会计信息,需要将持续不断的生产经营活动划分为一定的会计期间,按照权责发生制来划分收入和费用的归属期。但企业会计账簿的日常记录不能确切地反映本期的收入、费用,因为有些交易事项虽然在本期没有收到或支付款项,没有取得原始凭证,从而没有在账簿中记录,但根据权责发生制原则,应在本期确认收入或费用,计入相关的账户,如出租包装物的租金收入、银行借款利息费用等;有的款项虽然本期已经收到,却不属于本期的收入,不应计入本期的收入账,如销售预收的定金;有些款项虽然本期已经支付,但不属于本期的费用,不应计入本期的费用账,如预付的报刊费等。所以需要在期末结账前,按照权责发生制原则和收入与费用配比原则的要求,对日常的账簿记录进行调整,以便正确地计算各期的损益,从而为决策者提供真实、可靠的信息,以便于管理者做出正确的经营决策。

企业期末需要调整的账项主要有以下五项:

(1)应计收入的调整,如出租房屋、设备等的租金收入,银行存款的利息等应计收入。

(2)应计费用的调整,如银行借款的利息、应付票据的利息、应付债券的利息等应计费用。

(3)预收收入的调整,如预收购货单位订购产品的定金、预收出租固定资产的租金等预收收入。

(4)预付费用的调整,如数额较大、期限较长的预付保险费,租赁等预付费用。

(5)其他账项的调整,如前面述及的计提固定资产折旧、减值准备以及计提应收账款坏账准备等。

一、核算应计收入的调整

应计收入是指本期已经实现但未实际收到款项的收入,如出租房屋、设备、包装物等的租金收入以及银行存款利息收入等。这种收入平时没有登记,期末必须查明情况予以调整,补记入"其他应收款"借方和"其他业务收入"贷方。

二、核算应计费用的调整

应计费用是指企业在本期已经受益,但尚未支付款项的费用,包括银行借款利息、应付票据利息、房屋租金、水电费、设备修理费等。在调整时应按收入与费用配比原则,借记各种费用账户,如"管理费用""财务费用""制造费用""销售费用"等账户,贷记各种应计费用账户,如"应付利息""其他应付款"等账户。

三、核算预收收入的调整

预收收入是指本期已经收到款项并已入账,但由于某种原因还未提供商品或劳务的收入。这种款项在收到时并没有实现收入。因此,月末要进行调整以确认实际收入的实现情况。由于商品和劳务还未提供,主要风险还未转移,因此,预收的款项未满足销售收入确认条件,不能作为收入入账,应调整到"其他应付款"账户,待提供商品或劳务后再确认收入,并核销"其他应付款"。

"其他应付款"账户属于负债类,核算企业除应付票据、应付账款、预收账款、应付职工薪酬、应交税费、应付股利等经营活动以外的其他各项应付、暂收的款项,如应付租入包装物租金、预收出租包装物租金、存入保证金等。该账户的贷方登记发生的各种应付、暂收款项,借方登记偿还或转销的各种应付、暂收款项,余额在贷方,表示应付未付款项。本账户应按应付、暂收款项的对象设置明细账户,进行明细核算。

四、核算预付费用的调整

预付费用是指本期或前期已经支付款项,但因属于后续会计期间受益,故由后续会计期间负担的费用,如预付报刊费、财产保险费、水电费、房屋租金等。按现行会计准则的要求,对于预付费用的核算,应设置"预付账款"账户。

"预付账款"账户属于资产类,用来核算企业按照合同规定,预先以货币资金或货币等价物支付给对方的款项。发生时全额记入"预付账款"借方,在后续会计期间按照收入与费用配比原则,平均分摊到各受益会计期间的相关费用中去。分摊时借记相关费用账户,贷记"预付账款"。该账户应按预付对象设置明细账,进行明细核算。该账户结构及核算内容如图3-33所示。

五、核算其他账项的调整

除了应计收入与预收收入、应计费用与预付费用项目应该调整,还有一些账项也需要进行调整。对于期末其他账项的调整,主要设置的账户有:

(一)"累计摊销"账户

按照权责发生制原则的要求,企业应当于取得无形资产时分析判断其使用寿命,并在寿命期内按月对其价值进行摊销。无形资产的摊销额一般计入当期损益,自用无形资产的摊销额计入管理费用。在对无形资产的摊销进行核算时,应设置"累计摊销"账户。

"累计摊销"账户属于"无形资产"的调整账户,核算企业对使用寿命有限的无形资产计提的累计摊销额,记账规则为借减贷增。贷方登记企业计提的无形资产摊销额,借方登记处置无形资产时转出的累计摊销额,期末余额在贷方,反映企业无形资产的累计摊销额。

(二)"坏账准备"账户

该账户属于资产类账户,是"应收账款""其他应收款"等账户的备抵账户,用来核算应收款项的坏账准备计提、转销等情况。贷方登记当期计提的坏账准备金额,借方登记实际发生的坏账损失金额和冲减的坏账准备金额,期末余额一般在贷方,反映企业已计提但尚未转销的坏账准备。

(三)"资产减值损失"账户

根据会计准则的规定,企业应于会计期末按照成本与市价孰低的原则,确认资产的实际价值,当市价低于成本时,应计提减值准备,并确认为当期损益。为此,需设置"资产减值损失"账户。该账户属于损益类账户,用来核算当期确认的资产减值损失。借方登记当期实际计提的减值准备金额,贷方登记冲减的多计提的减值准备金额以及期末结转至"本年利润"的金额。期末结转后,该账户应无余额。实际会计工作中,"资产减值损失"账户应按减值损失的具体内容设置明细账,进行明细核算。如是应收账款减值损失,则设置"计提的坏账准备"明细账;如为固定资产减值损失,则设置"计提的固定资产减值准备"。

第六节　利润业务

熟悉利润的构成内容和分配顺序,能正确核算利润的形成与分配业务。

在现实中,企业的管理者、投资者、主管部门、债权人以及工商税务等政府部门,都需要了解企业在实施生产经营活动后,到底是盈利还是亏损,以便进行正确决策。这就需要进行利润的核算。

利润是指企业在一定会计期间的经营成果,是衡量企业经营管理好坏的主要综合性指标,也是企业扩大再生产的主要资金来源,也是投资者获取收益的重要来源。

一、利润的构成

企业利润具体包括以下两个方面:经营收入减去经营费用的净额、直接计入当期利润的利得和损失。经营收入减去经营费用后的余额如果大于零,则为利润,反之,则为亏损。

利润按其构成不同,可以分为营业利润、利润总额、净利润。它们之间的关系是:

营业利润＝营业收入－营业成本－税金及附加－管理费用－财务费用－销售费用－资产减值损失＋公允价值变动收益(－公允价值变动损失)＋投资收益(－投资损失)

其中:营业收入＝主营业务收入＋其他业务收入

营业成本＝主营业务成本＋其他业务成本

利润总额＝营业利润＋营业外收入－营业外支出

净利润＝利润总额－所得税费用

二、核算利润形成业务

为了正确核算和监督企业利润的形成情况,企业在生产经营过程中,有收入,也有支出,并将这些收入和支出记入了相关损益类账户中。那么,如何才能知道一定会计期间实现了多少利润呢?这就需要通过结转损益类账户来确定本期实现的利润,即核算利润的形成。在这一过程中,需要设置以下账户:

(一)"本年利润"账户

"本年利润"属于所有者权益类账户,用来核算企业实现的净利润(或发生的净亏损)。贷方登记期末从损益类账户中的"主营业务收入""其他业务收入""投资收益"等收入类账户转入的数额,借方登记从损益类中的"主营业务成本""其他业务成本""营业税金及附加""管理费用""财务费用""销售费用""所得税费用"等费用类账户转入的数额。本账户借贷相抵后的余额即为本期实现的净利润(或净亏损)。年度终了应将实现的净利润或净亏损转入"利润分配"账户,结转后,"本年利润"账户应无余额。

(二)"投资收益"账户

"投资收益"账户属于损益类账户,用来核算企业对外投资取得的收益或发生的亏损。贷方登记取得的投资收益或期末投资净损失的转出数,借方登记发生的投资损失和期末投资净收益的转出数,期末结转后,该账户应无余额。同时,在实际工作中,该账户应按投资收益的种类设置明细账,进行明细核算。

(三)"营业外收入"账户

"营业外收入"账户属于损益类账户,用来核算企业发生的与企业日常生产经营无直接关系的各项非营业性收入。贷方登记企业发生的各项非营业性收入,如罚款收入、政府补助收入、处置固定资产、无形资产的净收益、接受捐赠、盘盈利得等,借方登记期末转入"本年利润"账户的营业外收入额,期末结转后,该账户无余额。

(四)"营业外支出"账户

"营业外支出"账户属于损益类账户,用来核算企业发生的与企业日常生产经营无直接关系的各项支出。借方登记企业发生的各项额外支出,如罚款支出、固定资产盘亏、捐赠支出、自然灾害造成的非常损失等,贷方登记期末转入"本年利润"的营业外支出额,期末结转后,该账户应无余额。

(五)"所得税费用"账户

"所得税费用"账户属于损益类账户,用来核算企业按照税法规定计算缴纳所得税的情况。在按应纳税额计算出应交所得税时,在借方登记应交所得税税额,期末结转时,贷方登记转入"本年利润"账户的金额,结转后,该账户应无余额。

三、核算利润分配业务

企业利润总额扣除应交所得税后的金额为净利润,也是可供分配的利润。企业在生产经营过程中所取得的净利润,应按现行制度的规定进行合理分配。根据《中华人民共和国公司法》的规定,企业税后利润分配的顺序如下:

(1)弥补以前年度亏损。企业发生的年度亏损,可以用下一年度实现的税前利润弥补;下一年度税前利润不足以弥补的,可以在 5 年内连续弥补;5 年内不足以弥补的,应当用以后年度税后利润弥补。

(2)提取法定公积金。《中华人民共和国公司法》第一百六十七条第一款规定,公司分配当年税后利润时,应当提取利润的 10% 列入公司法定公积金。公司法定公积金累计额为公司注册资本的 50% 以上的,可不再提取。

(3)提取任意公积金。《中华人民共和国公司法》第一百六十七条第三款规定,公司从税后利润中提取法定公积金后,经股东会决议或者股东大会决议,还可以从税后利润中提取任意公积金。

(4)向投资者分配股利。《中华人民共和国公司法》第一百六十七条第四款规定,公司弥补亏损和提取公积金后所余税后利润,有限责任公司依照本法第三十四条(第三十四条:"股东按照实缴的出资比例分取红利;公司新增资本时,股东有权优先按照实缴的出资比例认缴出资。但是,全体股东约定不按照出资比例分取红利或者不按照出资比例优先认缴出资的除外。")的规定分配;股份有限公司按照股东持有的股份比例分配,但股份有限公司章程规定不按持股比例分配的除外。

在进行利润分配业务的核算时,应当设置以下账户:

(一)"利润分配"账户

"利润分配"账户属于所有者权益类,用来核算企业利润的分配(或亏损的弥补),借以考核利润分配计划的执行情况。借方登记实际已分配的利润数,或年终从"本年利润"账户转入的全年亏损总额,贷方登记年终从"本年利润"账户转来的净利润总额。年终贷方余额表示历年累积的未分配利润,如为借方余额,则表示历年未弥补的亏损。该账户应按利润分配的种类(提取盈余公积、应付股利、未分配利润等)设置明细账,进行明细核算。

(二)"应付股利"账户

"应付股利"账户属于负债类,用来核算企业经董事会或股东大会或类似机构决议确定分配的现金股利或利润。贷方登记根据分配方案应支付的现金股利或利润,借方登记实际支付的现金股利或利润,期末贷方余额表示尚未支付的现金股利或利润。该账户应按分配对象设置明细账,进行明细核算。

对于非股份公司而言,就不设置"应付股利"账户,而是设置"应付利润"账户。其结构与内容与"应付股利"账户相同。

在实际工作中,一般是年度终了才将全年实现的净利润由"本年利润"结转到"利润分配—未分配利润",然后根据当年实现的净利润提取法定盈余公积。股份公司因要对外报送中期报表,甚至要进行中期分配,因此,在半年末即 6 月底时,需要将上半年实现的净利润或亏损转入"利润分配—未分配利润"。

第四章 会计信息的生成

第一节 会计凭证

一、会计凭证概述

(一)概念

会计凭证是指记录经济业务发生或者完成情况的书面证明,是登记账簿的依据。正确填制和审核会计凭证,是会计核算的方法之一,是进行会计核算工作的起点和基本环节,也是对经济业务进行日常监督的重要环节。

(二)作用

(1)会计凭证能够记录经济业务,提供记账依据。会计凭证是记账的依据,通过会计凭证的填制、复核,按照一定的方法对会计凭证进行整理、分类、汇总,为会计记账提供真实、可靠的依据,并通过会计凭证的及时传递,对经济业务适时地进行记录。

(2)会计凭证有助于明确经济责任,强化内部控制。通过会计凭证的填制和审核,可以明确各职能部门、经办人员的经济责任,还可以促使相关人员严格遵守有关法律、法规和制度,在其职权范围内各负其责,相互监督,强化内部控制。通过会计凭证的审核,还能够及时发现经营管理中的薄弱环节,总结经验教训,以便采取措施,改进工作。

(3)会计凭证能够监督经济活动,控制经济运行。通过会计凭证的审核,可以检查经济业务发生的合理性、合法性及有效性,监督经济业务的发生、发展,控制经济业务的有效实施。出现问题能够及时发现,从而积极采取措施予以纠正,对经济活动进行事先、事中、事后控制,保证经济活动健康运行,有效发挥会计的监督作用。

(三)分类

会计凭证因其使用要求不同,种类也多种多样,不同的经济业务要求不同的格式和填制内容。一般来说,按其填制程序和用途不同,会计凭证可以分为原始凭证和记账凭证两种。

1.原始凭证

(1)定义

原始凭证(又称单据),是指在经济业务发生时取得或填制的、用以记录或证明经济业务发生或完成情况的原始依据。

原始凭证是伴随着经济业务的发生而出现的,是进行会计核算的初始资料和依据。一切经济业务发生时都必须填制原始凭证,会计工作中应用的原始凭证种类很多,如收据、收货单、发货单和领料单,以及各种报销凭证和银行结算凭证都属于原始凭证。此外,对于一切经常重复发生的经济业务,会计上还可以根据同类原始凭证编制原始凭证汇总表,以简化会计核算工作。原始凭证汇总表也属于原始凭证,不能证明经济业务已经发生或完成的类似原始凭证的书面资料,如经济合同、材料请购单等,则不能作为会计核算的原始凭证。

(2)分类

①按来源分类

原始凭证按其来源不同,可以分为自制原始凭证和外来原始凭证。

1)自制原始凭证是指由本单位有关部门和人员,在执行或完成某项经济业务时填制的,仅供本单位内部使用的原始凭证。如外购原材料时由仓库部门填制的收料单,车间领用原材料时填写的领料单,为了控制成本避免浪费而产生的比领料单多了一项“定额”的限额领料单,发出产品时由仓储部门填写出库单,职工出差预借款时由职工填写的借款单,人力资源管理部门编制的工资发放明细表,财务部门编制的固定资产折旧计算表等。

2)外来原始凭证是指在经济业务发生或完成时,从其他单位或个人直接取得的原始凭证。如购买材料取得的增值税专用发票,银行转来的各种结算凭证,对外支付款项时取得的收据,职工出差取得的飞机票、车船票等。

②按格式分类

原始凭证按格式的不同,可以分为通用凭证和专用凭证。

1)通用凭证是指由有关部门统一印刷、在一定范围内使用的具有统一格式和使用方法的凭证。常见的通用凭证有全国通用的增值税专用发票、银行转账结算凭证等。通用凭证的使用范围,可以是某一地区或某一行业,也可能是全国通用。如全国统一的异地结算银行凭证、部门统一规定的发票、地区统一的汽车票等。

2)专用凭证是指由单位自行印刷,仅在本单位内部使用的原始凭证。如企业内部使用的收料单、领料单、工资费用分配表、折旧计算表等。

③按填制的手续和内容分类

原始凭证按填制的手续和内容,可以分为一次凭证、累计凭证和汇总凭证。

1)一次凭证是指一次填制完成,只记录一笔经济业务且仅一次有效的原始凭证。大多数原始凭证都是一次凭证。比如,发票、收据、支票存根、收料单、出库单等。

2)累计凭证是指在一定时期内多次记录发生的同类型经济业务且多次有效的原始凭证。其特点是在一张凭证内可以连续登记相同性质的经济业务,随时结出累计数和结余数,并按照费用限额进行费用控制,期末按实际发生额记账。

3)汇总凭证也称原始凭证汇总表,是指对一定时期内反映经济业务内容相同的若干张原始凭证,按照一定标准综合填制的原始凭证。它合并了同类型经济业务,简化了会计核算工作。常见的汇总凭证有:发料凭证汇总表、工资结算汇总表、差旅费报销单等。

(3)原始凭证的内容、填制与审核

①原始凭证的基本内容

经济业务是多种多样的,记录经济业务的各种原始凭证,其具体格式和内容也不尽相同,但应当具备以下基本内容:

a. 填制单位的名称(签名或盖章);

b. 原始凭证名称;

c. 填制凭证日期;

d. 接受凭证单位名称;

e. 经济业务内容摘要;

f. 经济业务所涉及的财产物资数量和金额;

g. 填制单位、填制人员、经办人员和验收人员的签字盖章。

有时原始凭证为了满足其他业务的需要,还可列入其他相关内容,如预算项目、合同号码等,使原始凭证发挥多方面的作用。

②原始凭证填制的基本要求

原始凭证是会计主体发生或完成经济业务的最原始书面证明,它的好坏与否

直接关系到会计核算的真实和准确,因此原始凭证在填制时必须符合以下要求:

1)真实可靠。凭证上的有关业务内容、金额等必须根据实际情况填制,不能弄虚作假,以保证原始凭证的真实性。

2)内容完整。凡是凭证格式上规定的各项内容必须逐项填写齐全,不得遗漏和省略,以便完整地反映经济业务的全貌。一式数联的凭证,各联的内容必须完全一致,联次不得短缺。有关人员签字、盖章必须清晰完整。

3)填制及时。有关人员必须在经济业务发生或完成时及时填制原始凭证,以便及时地反映经济业务并进行会计核算,从而保证会计信息资料的及时性。

4)数据准确。凭证上有关数字的计算必须准确无误,大小写金额计算必须相等,数量、单价金额计算必须准确,不得匡算。

5)文字规范。填制原始凭证文字必须符合下列要求:a.原始凭证要用蓝色或黑色笔书写,文字简便,字迹清楚,易于辨认;填写支票要用碳素笔。b.对于一式几联的原始凭证,必须用双面复写纸套写,属于需要套写的凭证,必须一次套写清楚。c.凭证上的数字要书写规范。大写金额按汉字正楷书写,如壹、贰、叁、肆、伍、陆、柒、捌、玖、拾、佰、仟、万、亿、元、角、分、零、整等,阿拉伯数字应一个一个地写,不得连笔写。小写金额中间有连续几个零字时,大写金额可以只写一个零;大写金额到元、角的,元、角字后面要写"整"字,大写金额到分的,则不写"整"字。

6)正确改错。凭证上的内容如出现错误,应用规定的方法予以更正,不得随意涂改、挖补,但有关现金和银行存款的收付款凭证如填写错误,则应按规定的手续注销,作废后重写,以免错收、错付。

7)正确办理原始凭证遗失手续。如果遗失了从外单位取得的原始凭证,应取得原签发单位盖有财务章的证明,经经办单位领导批准后代作原始凭证。如遗失车票等凭证,确实无法取得证明的,由当事人写出详细情况,由经办单位负责人批准后代作原始凭证。

③原始凭证的审核

为了保证会计核算资料的合法性、真实性和可靠性,取得的原始凭证必须经专人审核无误后,方可依其编制记账凭证,原始凭证的审核主要包括以下内容:

1)审核原始凭证的真实性、合法性和合理性。真实性是指出纳人员应审查原始凭证所反映的经济业务是否同实际情况相符,有无伪造、编造凭证从中贪污等情况;合法性是指审查原始凭证所反映的经济业务是否符合国家的方针、政策和法规的规定;合理性是指审核原始凭证是否符合本单位的计划、预算和规章制度。如发现违反财经纪律和制度的情况,会计人员有权拒绝付款、报销或执行,情节严重的,应予追究法律责任。

2)审核原始凭证的完整性。审核原始凭证的内容填写得是否完整,凭证联次是否正确,各项目是否按规定填写齐全,各项手续是否齐备,各有关人员是否签字盖章等。

3)审核原始凭证的正确性。主要是指审核原始凭证所填写的数字是否符合要求,包括数量、单价、金额以及小计、合计等填写是否清晰,计算是否准确,大小写金额是否相符,是否用复写纸套写,有无涂改、刮擦和挖补等违法行为。

4)审核原始凭证的及时性。主要是指审核原始凭证是否在经济业务发生或完成时及时填制和传递。审核原始凭证时应当注意审核凭证的填制日期,尤其是支票、银行汇票、银行本票等时效性较强的原始凭证。

经审核的原始凭证,应做出不同处理:如对于完全符合要求的原始凭证,应及时据以编制记账凭证;对于真实、合法、合理,但内容不完整或填写有错误的原始凭证,应退回给有关经办人员,由其负责将有关凭证补充完整、更正错误或重开后,再办理正式入账手续;对于不真实、不合法的原始凭证,会计机构会计人员有权不予受理,情节严重的,可向相关单位负责人报告。

2.记账凭证

(1)定义

记账凭证就是会计人员根据审核无误的原始凭证或原始凭证汇总表,按照经济业务的性质、内容加以归类编制的,据以确定会计分录作为登记账簿依据的会计凭证。

原始凭证由于来自各个不同的方面,种类繁多,格式不一,而且不能清楚地表明应记入账户的名称和方向,不经过必要的归纳和管理,难以达到记账的要求。所以在记账前必须根据原始凭证编制记账凭证,这对于保证账簿记录的正确性是十分必要的。有些会计事项如更正错账、期末转账等,因无法取得原始凭证,也可由会计人员根据账簿提供的数据编制记账凭证。

(2)分类

①按反映经济业务的内容分类

记账凭证按其反映经济业务的内容不同,可以分为收款凭证、付款凭证和转账凭证。

收款凭证和付款凭证用于现金、银行存款的收付款业务,具体又可分为现金收款凭证、现金付款凭证、银行存款收款凭证和银行存款付款凭证等。

转账凭证则是用于不涉及现金和银行存款收付的其他经济业务,即所谓转账业务的记账凭证。

凡是涉及现金与存款之间,或各种存款之间相互转账的经济业务,不能既编制收款凭证,又编制付款凭证,否则会重复记账。因此会计惯例中要求对于这一类经济业务只编制付款凭证,不编制收款凭证。

②按使用格式分类

记账凭证按其使用的格式不同,可分为通用记账凭证、专用记账凭证和汇总记账凭证三种。

通用记账凭证是指不需要区分经济业务的性质,均只填写统一格式的一种记账凭证,它一般适用于规模小、收付业务不多的单位。

专用记账凭证是指记账凭证按照经济业务不同采用不同格式的记账凭证。专用记账凭证又分为收款凭证、付款凭证和转账凭证三种。其格式参见前面相关内容。

汇总记账凭证是指为了简化登记总分类账的手续,将一定时期内的记账凭证进行汇总编制而成的记账凭证。汇总记账凭证按其汇总方法不同,可分为分类汇总凭证和全部汇总凭证两类。分类汇总凭证主要包括汇总收款凭证、汇总付款凭证和汇总转账凭证;全部汇总凭证如记账凭证汇总表(即科目汇总表)。

(3)记账凭证的内容、填制与审核

①记账凭证的基本内容

记账凭证与原始凭证一样有许多种类,每一种类格式也不一样,但其主要作用都在于对原始凭证进行分类、整理,按照复式记账的要求,运用会计科目,编制会计分录,据以登记账簿。因此,为了满足以上要求,一般记账凭证都必须具备以下内容:

a.填制单位名称。

b.记账凭证的名称。

c.填制凭证的日期。

d.记账凭证的编号。

e.经济业务的简要说明以及注明所附原始凭证的张数及其他资料。

f.会计科目的名称、金额和记账方向。会计科目包括一级科目、二级科目和明细科目。

g.凭证填制人员、审核人员、记账人员和会计主管人员的签名或盖章。

h.记账符号。记账凭证记账后,在凭证的"记账符号"栏内打"J"符号,表明该凭证已登记入账，以防重记或漏记。

②记账凭证的填制要求

各种记账凭证都要按照规定的格式和内容正确、及时地加以填制，在填制过程中应注意以下几点要求：

1) 记账凭证的"摘要"栏，应尽可能简单明了地填写经济业务内容，文字要清晰扼要，这对查阅凭证、登记账簿都十分重要。

2) 填制记账凭证时，应填列会计科目名称，或者科目名称和编号，不能只填编号不填科目名称。需要登记明细账的还要列明二级科目和明细科目的名称，据以登账。

3) 记账凭证在一个月内应连续编号，便于查阅审核，在使用通用记账凭证时，可使用"总字编号法"，即按经济业务发生时的时间顺序依次编号；采用收款凭证、付款凭证和转账凭证，可以使用"×字号编号法"，即按凭证类别分别按顺序编号。例如，现收字第×号、银付字第×号和转字第×号等；分类记账凭证也可采用"双重编号法"，即按总字顺序与按类别顺序编号相结合。

4) 记账凭证后面必须附有原始凭证，并注明张数，以便日后查阅。如果根据一张原始凭证填制两张或两张以上记账凭证，则应在未附原始凭证的记账凭证右上角注明："原始凭证××张附在第××号凭证上"。经过上级批准的经济业务，应将批准文件作为原始凭证附件。如果批准文件需要单独归档，应在凭证上注明批准文件名称、日期和文件字号。原始凭证张数以其自然数为准计算，即凡是与记账凭证中的经济业务记录有关的每一张凭证都算一张。

5) 记账凭证金额填完后应加计金额合计数。记账凭证的一方不论是一个会计科目或若干个会计科目，或一个会计科目下有若干个明细科目，都应将一方的金额加计合计数后填写在相应的"合计"栏内。合计金额前应加注币值符号，如人民币符号"￥"。

6) 填制记账凭证的日期。收付款业务应按货币资金收付的日期填写，转账凭证原则上应按原始凭证日期填写。如果原始凭证日期与报账日期不符，可按填制凭证日期填写，在月终时，有些转账业务要等到下月初方可填制转账凭证，也可按月末日期填写。

7) 记账凭证填写完毕，应进行复核与检查，并进行试算平衡，相关人员要签字盖章。

③记账凭证的审核

记账凭证是登记账簿的直接依据，因此为了保证账簿记录的准确性，在登记

账簿前必须建立专人审核制度,对记账凭证及所附原始凭证详细审核,保证记录准确。记账凭证审核主要包括以下内容:

1)记账凭证是否附有原始凭证,是否与原始凭证内容相符。

2)凭证的应借、应贷会计科目名称是否正确,对应关系是否清晰,金额计算是否准确。

3)凭证各项目是否填列齐全,相关人员是否均已签字盖章。

在审核中,如发现编制有错误,应及时查明原因予以更正。只有审核无误的记账凭证,才能据以登记账簿。

二、会计凭证的传递与保管

(一)会计凭证的传递

会计凭证的传递是指从会计凭证编制时起到归档保管时止,按一定的传递程序和时间,在本单位内部各有关部门和人员之间传递的全过程。它主要包括两个方面的内容,即会计凭证传递的路线和各环节停留及传递的时间。会计凭证的传递程序是会计制度的一个组成部分,应在制度里明确规定。

正确组织会计凭证传递,对及时处理经济业务,保证会计信息及时性有重要作用。

为科学组织会计凭证的传递,在确定传递路线和传递时间时应注意以下几点:

(1)应根据核算单位自身业务特点、人员分工情况以及管理要求,合理规定各种凭证的联数和传递程序,避免不必要的环节,以免影响传递速度。

(2)应根据有关部门和人员办理业务的需要,确定凭证在各个环节存留时间,防止时间过松或过紧带来不利影响。

(3)会计凭证的传递程序和时间确定后,应绘成流程表,并明确规定,供会计人员自觉遵守执行,并根据实际需要,随时修改,以便更好地完成凭证的传递手续。

(二)会计凭证的保管

会计凭证是重要的会计档案和历史资料,它是事后了解经济业务,检查账务,明确经济责任的重要资料和证明。因此,任何单位在完成记账程序后,对会计凭证都应按规定立卷存档保存。

会计凭证的保管是指会计凭证登记入账以后的整理、装订和归档存查的过程。

会计凭证保管的主要方法和要求如下：

(1)会计部门在记账以后，应定期(每月)对各种凭证进行分类整理，将各种记账凭证按编号顺序排列，连同所附原始凭证一起加上封面、封底装订成册，在装订线上加贴封签，并在封签上加盖会计主管的骑缝图章。封面上应注明单位的名称、所属的年度和月份、起讫日期、记账凭证的种类、起讫号数和总计册数等。

(2)如在一定时期内，凭证数量过多，可分册装订，在封面加注"共几册、第几册"字样，需要将原始凭证单独归档保管的，应编制目录详细记录，以便查阅。

(3)装订成册的会计凭证，应集中由专人保管。一般不得外借，查阅必须严格办理相关手续，如确需某凭证作为依据时，应予复制，不得抽出原凭证。

(4)当年的会计凭证，在会计年度终了后，可暂由财会部门保管一年，期满后，填制清册移交档案管理部门保管，保管期满后，按规定手续报经批准，方能销毁。

《会计档案管理办法》规定，会计凭证需保存30年，对于保管期满但未结清的债权债务原始凭证以及涉及其他未了事项的原始凭证，不得销毁，应单独抽出，另行立卷，由档案部门保管到未了事项完结时为止。正在项目建设期间的建设单位，其保管期满的会计凭证等会计档案不得销毁。

第二节　会计账簿

一、会计账簿及作用

(一)会计账簿的含义

账簿是由一定格式、相互联系的账页组成的，用来序时、分类记录和反映各项经济业务的会计簿籍。簿籍是账簿的外表形式，而账户记录则是账簿的内容。

(二)会计账簿的设置和登记的作用

设置和登记账簿，是会计核算体系的一个重要组成部分，也是会计核算的一种专门方法，在会计核算中起着重要作用，具体表现为如下几个方面：

(1)可以为经营管理提供连续、系统、全面的会计核算资料。在会计核算中，通过会计凭证的填制和审核，可以反映和监督各项经济业务的发生及完成情况，但会计凭证只能提供片段的、零星分散的会计信息，不能把某一时期的全部经济活动情况完整、系统地反映出来。而通过设置和登记账簿,就可以把大量零星分散的原始资料加以归类整理,可以连续反映各单位财产物资的增减变动及其结存情况,对于加强经济核算、提高经营管理水平具有重要作用。

(2)设置和登记账簿,可为编制财务报表提供依据,有利于正确编制财务报表。账簿是编制报表的直接依据,账簿的设置和登记正确、及时与否,直接影响对外提供会计信息的质量和及时性。

(3)设置和登记账簿,可以为有关各方提供企业经营成果的详细资料,为财务成果的分配和考核计划执行情况提供可靠依据,同时,账簿记录也会为会计分析、会计检查提供依据和资料。

二、会计账簿的种类

在日常会计核算中,使用的账簿是多种多样的。会计账簿按不同的标准可以分为不同的种类:

(一)按用途分类

账簿按其用途不同,可分为序时账簿、分类账簿和备查账簿三种。

1.序时账簿

序时账簿简称序时账或日记账。它是按照经济业务发生的时间先后顺序,逐日逐笔登记经济业务的账簿。

序时账簿按其记录的经济业务的内容不同又可分为如下两类:

(1)普通日记账。普通日记账是用来登记全部经济业务的序时账簿。在普通日记账中,根据每天发生经济业务的先后顺序,逐笔编制会计分录,作为登记分类账簿的依据。这种日记账也称"分录账"。

(2)特种日记账。特种日记账是专门用来登记某一类经济业务,根据记账凭证逐日逐笔登记的序时账簿。如现金日记账、银行存款日记账等,这两种账簿可以用来核算和监督核算单位现金、银行存款的收支和结存情况。

目前,在我国,为加强对库存现金和银行存款的管理,要求各单位必须设置现金日记账和银行存款的日记账,不设置普通日记账。

2.分类账簿

分类账簿简称分类账,是对全部经济业务按照总分类账户和明细分类账户进行分类登记的账簿。分类账簿可以分为总分类账簿和明细分类账簿。

(1)总分类账簿,简称总分类账或总账,是根据一级账户设置的,总括反映全部经济业务和资金状况的账簿。

（2）明细分类账,简称明细账或细账,是根据二级账户或明细账户设置的,详细反映某一类经济业务的账簿。明细账是对总账的补充和说明,并受总账账户的统驭和控制,在实际工作时,有时可以将序时账和分类账结合在一起使用,在一张账页上,既有序时登记,又有分类登记;既能集中反映全部经济业务,又能反映账户的对应关系。这种账簿被称为联合账簿,日记总账即为典型的联合账簿。

3.备查账簿

备查账簿又称备查登记账簿或辅助账簿。它是对序时账簿和分类账簿等主要账簿未能记载的或记载不全的经济业务进行补充登记的账簿。如应收票据登记簿、租入固定资产登记簿等。设置和登记备查账簿,可以对某些经济业务的内容提供必要的参考资料,各单位可根据实际需要设置使用。

(二)按外表形式分类

账簿按其外表形式不同,可分为订本式账簿、活页式账簿和卡片式账簿三种。

1.订本式账簿

订本式账簿简称订本账,是指在使用前就把顺序编号的若干账页固定装订成册的账簿。该种账簿的优点是:能防止账页的散失或被抽换等不法行为的发生,保证账簿的完整和安全。因此,它一般用于有统驭性和重要账簿的使用,如总分类账、现金日记账和银行存款日记账等。其缺点是:同一本账簿在同一时间只能由一个人登记,不能分工记账。同时订本账账页固定,不能根据需要来增加或减少,以及重新分类排列。预留账页时,如果预留过少,就会影响账簿记录连续性;如果预留过多,就会造成账页浪费。

2.活页式账簿

活页式账簿简称活页账,是指在启用前不固定装订和编号,而是将零散的账页装存在账夹内,可以随时取放增减账页的账簿。该种账簿的优点是不受账页限制,可以根据需要增减和重新分类排列账页,不需预留,能够保证账簿记录的完整性、连续性。另外也便于工作人员分工记账,有利于节省财会人员的劳动时间,提高工作效率。因此,活页账多适用于总账账户下明细科目较多的明细记录使用,如材料、商品等明细账。其缺点是账页较容易散失和被抽换,极不安全。因此,在使用过程中要严加管理,建立严密的登记手续。年度终结,应将账页编号装订成册,集中保管。

3. 卡片式账簿

卡片式账簿简称卡片账。它是由卡片组成的,存放在卡片箱中,随时可以取放的账簿。该种账簿的使用类似于活页账,但由于平时保存在卡片箱中,加盖上锁,较活页账安全。该种账簿多用于企业固定资产明细账和银行活期储蓄存款明细账的登记使用。

(三)按账页格式分类

账簿按账页格式不同,可分为两栏式账簿、三栏式账簿、数量金额式账簿、多栏式账簿和横线登记式账簿五种。

1. 两栏式账簿

两栏式账簿是指只有"借方"和"贷方"两个基本金额栏目的账簿。普通日记账一般采用两栏式账簿。

2. 三栏式账簿

三栏式账簿又称借贷余式账簿,是指其账页的格式主要部分为"借方""贷方""余额"三栏或者"收入""支出""余额"三栏的账簿。各种日记账、总分类账及资本、债权债务明细账采用三栏式账簿。

3. 数量金额式账簿

数量金额式账簿是指在账页中分设"借方""贷方""余额"或者"收入""发出""结存"三大栏,并在每一大栏内分设数量、单价和金额三小栏的账簿,数量金额式账簿能反映出财产物资的实物数量和价值量。原材料和库存商品、产成品等明细账一般采用数量金额式账簿。

4. 多栏式账簿

多栏式账簿是指根据经济业务的内容和管理的需要,在账页的"借方"和"贷方"栏内再分别按照明细科目或某明细科目的各明细项目设置若干专栏的账簿。这种账簿可以按"借方"和"贷方"分别设专栏,也可以只设"借方"专栏,"贷方"的内容在相应的借方专栏内用红字登记,表示冲减。收入、费用明细账一般采用多栏式账簿。

5. 横线登记式账簿

横线登记式账簿是指账页分为"借方"和"贷方"两个基本栏目,每一个栏目再根据需要分设若干栏次,在账页两方的同一行记录某一经济业务自始至终所有事项的账簿。它主要适用于需要逐笔结算的经济业务的明细账,如物资采购、一次性备用金业务等明细账。

三、会计账簿的设置和登记方法

(一)会计账簿设置的原则

账簿的设置,包括确定账簿种类,设置账簿格式、内容和登记方法。账簿设置的好坏,直接影响会计核算的时效性。各单位应设置哪些种类账簿,各账簿采用什么样的格式,不能强求一律,应结合各单位经济活动的特点和管理上的要求合理设置,既要符合会计制度的要求,又要有利于充分发挥账簿的作用,力求科学、严密,还要层次分明,结构合理。因此,设置账簿应遵循下列一些原则:

(1)设置账簿必须做到繁简适当,结构合理,既要便于财会人员的分工,节省记账时间和工作量,提高工作效率,又要结合本单位的特点,满足各方面经营管理所需的会计信息。

(2)设置账簿必须遵守国家有关会计制度的规定,不得以表代账或搞无账会计。

(二)会计账簿的基本内容

虽然会计账簿种类繁多、格式不一,但无论哪种账簿都应具备以下一些基本内容:

(1)封面,每种账簿都应设置封面,用来标明账簿名称和使用单位名称,便于查阅或保护账页安全。

(2)扉页,即打开账簿封面的第一页,用来注明使用单位的名称或单位盖章(若封面不标明使用单位名称),标明账簿的启用日期和截止日期、册数、册次、经管人员姓名及盖章,交接记录一览表及账户目录等。

(三)账簿的格式和登记方法

1.序时账簿的设置和登记

(1)普通日记账是逐日序时登记特种日记账以外的经济业务的账簿。普通日记账一般分为"借方金额"和"贷方金额"两栏,登记每一分录的借方账户和贷方账户及金额,这种账簿不结余额。

(2)常用的特种日记账,如现金日记账、银行存款日记账。目前,为贯彻执行国家的货币资金管理制度,加强货币资金的管理及日常核算和监督,各单位大多使用特种日记账,有利于贯彻执行国家规定的货币资金管理制度。

第一,现金日记账。现金日记账是用来序时登记库存现金收入、支出和结存情况的账簿。由出纳人员根据收款凭证、付款凭证逐日、逐笔登记。

现金日记账的格式可以是三栏式,也可以是多栏式。三栏式现金日记账包括"借方""贷方""余额"三个栏次,附设业务日期、摘要,据以登记的凭证号数、对方科目等栏目。登记时,由出纳人员根据审核无误的现金收款凭证、付款凭证或银行存款收款凭证、付款凭证,按照时间顺序逐日、逐笔登记所列业务各项内容。每日终了,应结出账面余额,并与库存实有现金数额核对,如发现不符,应及时查明原因,妥善处理。如库存现金数量超过规定限额,应将超出部分及时送存银行。

多栏式现金日记账是在三栏式现金日记账基础上发展建立的一种账页格式。其特点是将现金收入、支出栏分项目设置,收入数按应借科目分设专栏,然后根据各栏合计数登记总账。这种格式的现金日记账使现金收入、支出的来龙去脉体现得更加淋漓尽致。

第二,银行存款日记账。银行存款日记账是用来逐日、逐笔反映银行存款的增加、减少和结存情况的账簿。同现金日记账相同,也是由出纳人员根据银行存款收款凭证、付款凭证序时登记。

银行存款日记账的格式也可以采用三栏式或多栏式,登记方法类似于现金日记账,所不同的是银行存款日记账比现金日记账多设一个"结算凭证种类和号数"栏。原因是银行存款的收付,均是根据银行规定的结算凭证办理,为了便于和银行对账,因此,单独列示每笔存款收付时所依据的结算凭证种类和号数。银行存款日记账的格式与现金日记账的格式相似。

2.分类账簿的设置和登记

分类账簿是用来分类登记经济业务的账簿。根据提供资料的详细程度不同,分类账簿可以分为总分类账簿和明细分类账簿。现分别介绍如下:

(1)总分类账簿简称总账。它是根据总账科目(一级科目)设置,用来分类、连续记录和反映企业经济活动及资产、负债、所有者权益、收入、费用和利润等状况的账簿,由于其只提供总括资料,因此总账账簿只用来登记货币金额的增减变动,总括地反映核算单位的资金循环和收支情况,为编制财务报表提供必要的资料。

总分类账通常规定使用订本式,因此启用前应分析各科目业务数量预留账页。其账页格式一般为三栏式。

(2)明细分类账也称明细账,是根据二级科目或明细科目开设的,用来分类、连续地记录和反映核算单位经济活动及资产、负债、所有者权益、收入、费用和利润等详细情况的账簿。

明细分类账可以根据记账凭证、原始凭证或原始凭证汇总表登记。由于其反映经济业务指标内容不同,其账簿格式也不相同,常用的明细账有四种格式,即三栏式、数量金额式、多栏式和横线登记式。

第一,三栏式明细账。三栏式明细账格式与其他三栏式账簿一样,分设"借方""贷方""余额"三个专栏。这种格式账簿一般适用于只需进行金额计算的明细科目登记使用。如应收账款、应付账款和应付职工薪酬等。

第二,数量金额式明细账。数量金额式明细账是在"收入""发出""结存"三大栏中分别下设"数量""单价""金额"三个小栏。它适用于既需要进行金额核算,又需要提供数量指标的经济业务。有时,为了满足管理上的需要,在账页上端还需设计一些必要项目,以便取得相关资料。它主要适用于"原材料""库存商品"等账户的明细核算。

第三,多栏式明细账。多栏式明细账是根据各经济业务内容和提供资料要求,在一张账页上的"借方"或"贷方"下面按明细项目分设专栏,以提供该科目的详细资料。这种格式的明细账适用于生产成本、制造费用、管理费用、销售费用、主营业务收入和本年利润等账户的核算使用。由于各账户核算内容不一样,所以专栏设置也不尽相同,多栏式明细分类账页又分为借方多栏(生产成本明细账)、贷方多栏(主营业务收入明细账)和借方贷方多栏(应交税费——应交增值税明细账)三种格式。

第四,横线登记式明细账。横线登记式明细账也称平行式明细分类账。它的账页结构特点是,将前后密切相关的经济业务在同一横行内进行详细登记,以检查每笔经济业务完成及变动情况。该种账页一般用于"物资采购""一次性备用金业务"等明细分类账。

平行式明细账的借方一般在购料付款或借出备用金时按会计凭证的编号顺序逐日逐笔登记,其贷方则不要求按会计凭证编号逐日逐笔登记,而是在材料验收入库或者备用金使用后报销和收回时,再与借方记录的同一行内进行登记。同一行内借方、贷方均有记录时,表示该项经济业务已处理完毕,若一行内只有借方记录而无贷方记录时,表示该项经济业务尚未结束。

(四)账簿的登记规则和错账更正

1.账簿的登记规则

(1)为了保证账簿记录的合法性,明确记账责任,应在每本账簿启用前,认真填写账簿扉页上的账簿启用表和经管人员一览表,填写单位名称、启用日期、共计页数、会计主管和记账人员姓名等。账簿记录中途记账人员如有变动,要在第三者在场的条件下办理交接手续,并在"经管人员一览表"中签字盖章,说明交接日期和接办人员。

(2)为保证账簿记录的正确性,记账时必须根据审核无误的会计凭证,按账页项目要求和账页行次顺序连续登记,账页中各栏目内容必须填列齐全,摘要文字简明扼要,文字清晰,数字要准确整齐,不能隔页跳行。如出现隔页跳行时,要将空页空行用红线对角划掉,注明作废。当账页记到最后第二行时,应留出末行,加计本页合计数,在摘要栏注明"转次页"字样,并将合计数记入次页的第一行,在摘要栏注明"承前页"字样。月终结账时,应在账页上结出本月发生额和月末余额。

(3)登记账簿要用蓝黑墨水或碳素笔书写,不得用铅笔或圆珠笔(复写账簿除外),也不能随便使用红色墨水笔书写,只有在改错、结账、对蓝色数字表示增减时方可使用红色墨水笔。

(4)账簿记录发生错误时,不准涂改、刮擦、挖补或用褪色药水消除字迹,而应采用规定方法更正。

(5)账簿记录中文字、数字书写必须符合要求。填写时,均要紧靠底线,大小以二分之一格为宜,最大不能超过三分之二,以便更改。数字均应与底线保持倾斜 $60°$ 角左右,数字 7、9 占本格四分之一,占下格四分之一,其余数字均占本格底线以上二分之一,文字之间不能留有空隙。

(6)记账人员应按日结出余额,在"借"或"贷"栏内写明"借"或"贷"等字样,表明余额方向,如无余额,应在"借"或"贷"栏内写"平"字或"一0一"符号。

2. 错账的更正方法

账簿记录如发现错误,应根据错误性质和发现时间,按规定的适用更正方法更正,不能随意刮擦、挖补或使用化学方法消除或更改字迹。账簿记录错误更正方法有以下几种,可选择适用。

(1)画线更正法。记账后、结账前如发现账簿中文字或数字有笔误,而在原记账凭证正确的情况下,一般可以采用画线更正法进行更正。更正时,应先将错误的文字或数字画一条红线加以注销,然后在原记录上面二分之一空格内做更正后正确记录。但必须注意画一条红线后仍应保持原错误记录清晰可辨,更正后,应由记账人员在更正处签字、盖章,以示负责。另外还必须注意,对于错误的数字应全部画线更正,不能只更正其中个别数字或文字。

(2)红字更正法。在记账以后,如果发现原记账凭证中应借、应贷科目或金额发生错误时,可采用红字更正法更正,具体可分以下情况:

记账后,发现原记账凭证中应借、应贷科目用错。更正时,应先用红字金额填制一张内容与原错误的记账凭证完全相同的记账凭证,据以用红字金额登记入账,以冲销原有的错误记录,然后再用蓝字金额填制一张正确的记账凭证,据以登记入账。举例说明如下。

【例】远洋公司用银行存款支付产品广告费5000元。该业务处理时,记账凭证误作下列会计分录,并登记入账。

借:主营业务成本5000

　　贷:银行存款5000

当发现错误记录时,先用红字编制一张与原记账凭证相同的凭证,并登记入账,以示对原错误记录冲销。其分录如下。

借:主营业务成本5000

　　贷:银行存款5000

同时,再用蓝字金额填制一张正确记账凭证,据以登记入账。其分录如下。

借:销售费用5000

　　贷:银行存款5000

采用红字更正法时,账簿更正过程如图所示。

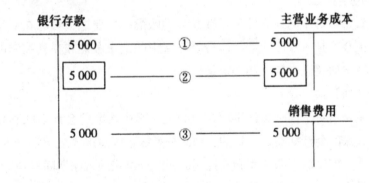

注：□表示框内为红字

图　账簿记录更正过程

(五)总分类账户和明细分类账户的平行登记

1.总分类账和明细分类账的关系

总分类账是按照总分类账户开设的分类账,提供会计主体财务状况和经营成果的全面、系统的分类资料,只提供货币指标。明细分类账是按照二级账户或明细分类账户开设的分类账,它对各有关会计要素项目进行较为详细的分类反映,除了货币指标外,还提供实物量度指标,为日常管理和编制财务报表提供更加详细的资料。明细分类账对总分类账进行必要的补充说明,总分类账对明细分类账起统驭作用。

总分类账和明细分类账登记的依据是相同的,根据同一会计凭证对同样的会计事项进行确认和计量,这就客观要求总分类账和明细分类账进行平行登记。

2.总分类账和明细分类账的平行登记

总分类账和明细分类账的平行登记就是对同一会计事项在总分类账和明细分类账中进行的同依据、同方向、同金额、同时间登记。

(1)同依据

对发生的经济业务,都要以相关的会计凭证为依据,既登记有关总账,又登记其所属明细账。

(2)同方向

同方向是指对于同一会计事项在总分类账簿中的记账方向和在明细分类账簿中的记账方向是一致的。也就是说,如果在总分类账簿中的记账方向是借方(贷方),那么,在明细分类账簿中的记账方向必定也是借方(贷方)。

(3)同金额

同金额是指对于同一会计事项在总分类账簿中的登记金额和在明细分类账簿中的登记金额是一致的。即在总分类账簿中的记账金额和在其控制的所有明细分类账簿中的登记金额之和必定是相等的。

(4)同时间

同时间是指对于同一会计事项在总分类账簿中入账的会计期间和在明细分类账簿中入账的会计期间是一致的。即总分类账不管是逐笔登记还是汇总登记,其所记录会计事项的入账期间和其控制的明细分类账的入账期间是同一月份。

总分类账和明细分类账的核对通过编制明细分类账户本期发生额及期末余额表进行。

明细分类账户本期发生额及余额表是按照总分类账户所属的所有明细账户的明细账账页记录的本期发生额和期末余额填制的,用来和总分类账本期发生额及余额进行核对的对照表。总分类账户所属的所有明细账户的本期发生额合计数和期初余额、期末余额合计数,应该分别和总分类账的本期发生额合计数和期初余额、期末余额合计数相等。明细分类账户本期发生额及余额表的格式是按照汇总明细分类账本期发生额及余额的原则设计的。

(六)对账与结账

1. 对账

对账是指在会计核算中,对账簿记录所做的核对工作。为了保证各种账簿记录真实、准确和完整,必须做好对账工作,建立良好的对账制度,以做到账证相符、账账相符和账实相符。

对账工作主要包括以下三个方面的内容:

(1)账证核对。会计凭证是账簿记录的直接依据,无论在记账过程或期末结账前,都要认真做好账证核对工作,做到账证相符,为账实相符打下良好的基础。

(2)账账核对。账账核对是指在账证核对相符的情况下,各种账簿之间进行的核对,包括两个方面的内容:本单位内部各账簿之间相关内容核对应相符,本单位同其他单位的往来款项应核对也应相符。其具体内容有:

①总账账簿全部账户的借方本期发生额、余额合计数与贷方本期发生额、余额合计数核对平衡、相符。

②总账账簿各总账账户期末余额与其所属各明细账户期末余额合计核对相符。

③银行存款日记账的余额与银行对账单核对相符。

④财会部门有关财产物资的明细分类账簿余额应与财产物资保管部门和使用部门经管的明细记录的金额核对相符。

⑤本单位各项债权、债务明细分类账与相关债务人或债权人核对相符。

(3)账实核对。账实核对是指各种财产物资的账面余额与实存数核对相符。账实核对一般通过财产清查来进行,相关内容在以后章节介绍。

2. 结账

结账就是把一定时期(月份、季度或年度)内发生的经济业务全部登记入账以后,计算并记录各账簿的本期发生额和期末余额,进行试算平衡,并结转下期或下年度账簿的一种方法。

结账分月结、季结和年结,在实际工作中,一般采用画线结转的方法进行。主要包括以下内容:

(1)将本期发生的全部经济业务,都编制记账凭证,并登记入账,严禁出现漏记、重记或多记、少记现象,结账时间不能提前也不能退延,一定要定期、及时。

(2)按照权责发生制原则调整和结转有关账项。本期内所有的转账业务,应编制成转账记账凭证,并据以登记账簿,以调整账簿记录。如完工产品成本,应结转计入"库存商品"账户;将本期的预收收益和应收收益予以确认,记入本期收入项目等。

(3)将本期已确认登记的各项收入和应负担的成本、费用编制记账凭证,分别从收入账户和成本、费用账户结转入"本年利润"账户,以确定本期的盈亏成果。

(4)计算、登记各账户本期发生额和期末余额,并结转下期。详细说明如下:

①月结。每月终了,在各项准备工作就绪以后,在账页中最后一笔经济业务记录的底线画一条通栏红线,红线下一行,将计算出的各账户本期发生额合计数和本月月末余额分别记入借方、贷方和余额栏内(若无余额,可在"借"或"贷"栏写"平"字,或在余额栏画"—0—"符号),并在摘要栏注明"本月合计"字样,然后在末行底线再画一条通栏红线。

②季结。在季末最后一个月份的"月结"行的红线下一行,填入本季度三个月累计借、贷方发生额合计数和季终余额,并在"摘要"栏注明"本季累计"字样,然后在该行底线画一条通栏红线。

③年结。在年末第四季度季结所在行的红线下一行,计算并填入本年度四个季度借、贷方发生额累计数和年终余额,并在"摘要"栏注明"本年累计"字样,再在该行底线画一条通栏红线。

另外,为求各账户年终借方、贷方平衡起见,在"本年累计"行下应将各账户上年结转的借方(或贷方)的余额,按原来相同的方向填入借方(或贷方)栏内,并在"摘要"栏内指明"上年结转"字样,同时将本年余额按相反方向填列在下一行,(即借方余额填在贷方),并在摘要栏注明"结转下年"字样,然后再分别将借方和贷方加总填列在一行,并在摘要栏注明"合计"字样,此时借方、贷方金额相等。最后在合计数下端画两条通栏红线,表示借、贷方平衡和年度结束、封账"。

(七)账簿的更换与保管

1.账簿的更换

各核算单位的总分类账簿、日记账和明细账簿,应每年更换一次。只有极少数明细账,如固定资产明细账,因变动较小,可以连续多年使用,不必每年更换。各种账簿在年终结账时,每个账户的年终余额都要直接记入下一年度启用的新账簿中,转记过程不用编制记账凭证。

2.账簿的保管

年度终了,各种账户在结转下年、建立新账后,一般应将旧账集中统一管理。会计账簿暂由本单位财务会计部门保管一年,期满后,由本单位财务会计部门编制移交清册交本单位档案部门保管,一般会计账簿保管期限为 30 年。

各种账簿应当按年度分类归档,编造目录,妥善保管。既要保证在需要时能迅速查阅,又要保证各种账簿的安全和完整。保管期满后,还要按照规定的审批程序经批准后方能销毁。会计账簿是单位重要的经济资料,必须建立管理制度,妥善保管。对使用结束的账簿,必须装订成册,连续编号(订本账除外),在封面注明账簿名称、使用年度、账册页数,再加具封条并由会计主管加盖骑缝章。账簿借出时,应办理有关手续,并如期归还。

第三节 账务处理程序

一、概述

(一)概念和意义

账务处理程序又称会计核算组织程序或会计核算形式,是指会计凭证、会计账簿、财务报表相结合的方式,包括账簿组织和记账程序。账簿组织是指会计凭证和会计账簿的种类、格式,会计凭证与账簿之间的联系方法;记账程序是指由填制、审核原始凭证到填制、审核记账凭证、登记日记账、明细分类账和总分类账、编制财务报表的工作程序和方法等。科学合理地选择账务处理程序的意义主要有如下几点:

①有利于规范会计工作,保证会计信息加工过程的严密性,提高会计信息质量;

②有利于保证会计记录的完整性和正确性,增强会计信息的可靠性;

③有利于减少不必要的会计核算环节,提高会计工作效率,保证会计信息的及时性。

(二)种类

企业常用的账务处理程序主要有记账凭证账务处理程序、汇总记账凭证账务处理程序和科目汇总表账务处理程序等。它们之间的主要区别为登记总分类账的依据和方法不同。

(1)记账凭证账务处理程序,是指对发生的经济业务,先根据原始凭证或汇总原始凭证填制记账凭证,再直接根据记账凭证登记总分类账的一种账务处理程序。

(2)汇总记账凭证账务处理程序,是指先根据原始凭证或汇总原始凭证填制记账凭证,定期根据记账凭证分类编制汇总收款凭证、汇总付款凭证和汇总转账凭证,再根据汇总记账凭证登记总分类账的一种账务处理程序。

(3)科目汇总表账务处理程序,又称记账凭证汇总表账务处理程序,是根据记账凭证定期编制科目汇总表,再根据科目汇总表登记总分类账的一种账务处理程序。

1. 记账凭证账务处理程序

(1)特点

记账凭证账务处理程序的特点是直接根据记账凭证对总分类账进行逐笔登记。该账务处理程序是会计核算中最重要的账务处理程序,它既是理解账务处理的基础,也是掌握其他账务处理程序的基础。

(2)优缺点

记账凭证账务处理程序的优点是简单明了,易于理解,总分类账可以较详细地反映交易或事项的发生情况,便于查账、对账;缺点是在业务较多的情况下,登记总分类账的工作量较大。

(3)适用范围

该账务处理程序适用于规模较小、经济业务量较少的单位。因而,为了最大限度地克服其局限,在实务工作中,应尽量将原始凭证汇总编制汇总原始凭证,再根据汇总原始凭证编制记账凭证,从而简化总账登记的工作量。

(4)一般步骤

记账凭证账务处理程序的一般步骤如下:

①根据原始凭证填制汇总原始凭证;

②根据原始凭证或汇总原始凭证、填制收款凭证、付款凭证和转账凭证,也可以填制通用记账凭证;

③根据收款凭证和付款凭证逐笔登记库存现金日记账和银行存款日记账;

④根据原始凭证、汇总原始凭证和记账凭证,登记各种明细账;

⑤根据记账凭证逐笔登记总分类账;

⑥期末,将库存现金日记账、银行存款日记账和明细账的余额与有关总账的余额核对;

⑦期末,根据总分类账和明细分类账的记录,编制账务报表。

2. 汇总记账凭证账务处理程序

汇总收款凭证、汇总付款凭证和汇总转账凭证都是分别根据收款凭证、付款凭证和转账凭证进行汇总填制的。汇总的期限一般不应超过10天,每月至少汇总三次,每月填制一张,月终结算出合计数,据以登记总分类账。

(1)汇总收款凭证的编制。汇总收款凭证根据收款凭证分别填制现金汇总收款凭证和银行存款汇总收款凭证并分别与有关贷方科目相对应。

(2)汇总付款凭证的编制。汇总付款凭证根据付款凭证分别填制现金汇总付款凭证和银行存款汇总付款凭证并分别与有关借方科目相对应。

(3)汇总转账凭证的编制。根据转账凭证的每一贷方科目填制汇总转账凭证。将与其相对应的科目填制在汇总转账凭证的"借方科目"栏。为了使填制的汇总转账凭证避免漏汇或重汇,在填制转账凭证时,最好让一个贷方科目与一个借方科目相对应。

(一)特点

汇总记账凭证账务处理程序的特点是先根据记账凭证编制汇总记账凭证,再根据汇总记账凭证登记总分类账。

(二)优缺点

汇总记账凭证账务处理程序的优点是减轻了登记总分类账的工作量,而且账户对应关系没有破坏,便于查对和分析项目;缺点是当转账凭证较多时,编制汇总转账凭证的工作量较大,并且按每一贷方账户编制汇总转账凭证,不考虑交易或事项的性质,不利于会计核算的日常分工。

(三)适用范围

该账务处理程序适用于规模较大、经济业务较多的单位,特别是转账业务少,而收款、付款业务较多的单位更为适合。

(四)一般步骤

①根据原始凭证填制汇总原始凭证;

②根据原始凭证或汇总原始凭证填制收款凭证、付款凭证和转账凭证,也可以填制通用记账凭证;

③根据收款凭证、付款凭证逐笔登记库存现金日记账和银行存款日记账;

④根据原始凭证、汇总原始凭证和记账凭证,登记各种明细分类账;

⑤根据各种记账凭证编制有关汇总记账凭证;

⑥根据各种汇总记账凭证登记总分类账;

⑦期末,将库存现金日记账、银行存款日记账和明细分类账的余额与有关总分类账的余额核对;

⑧期末,根据总分类账和明细分类账的记录,编制财务报表。

四、科目汇总表账务处理程序

在编制科目汇总表时,首先将汇总期内各项经济业务所涉及的会计科目填在科目汇总表的"会计科目"栏内,为了便于登记总分类账,会计科目的顺序按总分类账上会计科目的先后顺序填写;其次根据汇总期内所有记账凭证,按会计科目分别加计借方发生额和贷方发生额,将其汇总数填在各相应会计科目的"借方"和"贷方"栏。按会计科目汇总后,应加总借方、贷方发生额,进行发生额的试算平衡。科目汇总表的编制时间,应根据各企业、单位业务量而定,业务较多的可以每日汇总,业务较少的可以定期汇总,但一般不得超过10天。在科目汇总表上,还应注明据以编制的各种记账凭证的起讫字号,以备进行检查。

(一)特点

科目汇总表账务处理程序的特点是先将所有记账凭证汇总编制成科目汇总表,然后以科目汇总表为依据登记总分类账。总分类账可经根据每次汇总编制的科目汇总表随时进行登记,也可以在月末根据科目汇总表的借方发生额和贷方发生额的全月合计数一次登记。

(二)优缺点

科目汇总表账务处理程序的优点是减轻了登记总分类账的工作量,易于理解,方便学习,并可做到试算平衡;缺点是科目汇总表不能反映各个账户之间的对应关系,不利于对账目进行检查。

(三)适用范围

该账务处理程序适用于规模大、经济业务较多的企业。

(四)一般步骤

科目汇总表账务处理程序的一般步骤如下:
①根据原始凭证填制汇总原始凭证;
②根据原始凭证或汇总原始凭证填制记账凭证;
③根据收款凭证、付款凭证逐笔登记库存现金日记账和银行存款日记账;
④根据原始凭证、汇总原始凭证和记账凭证,登记各种明细分类账;
⑤根据各种记账凭证编制科目汇总表,根据科目汇总表登记总分类账;
⑥期末,将库存现金日记账、银行存款日记账和明细分类账的余额与有关总分类账的余额核对;
⑦期末,根据总分类账和明细分类账的记录,编制财务报表。

第五章　固定资产与无形资产

第一节　固定资产

一、固定资产概述

固定资产是企业为生产商品、提供劳务、出租或经营管理而持有的,使用寿命超过一个会计年度的有形资产。

(一)固定资产的特征和确认

1.固定资产的特征

(1)固定资产是为生产商品、提供劳务、出租或经营管理而持有。这意味着,持有固定资产的目的是服务于企业生产经营活动,而不是为了出售。如果持有某项资产的目的是出售,则该项资产应列为存货。其中"出租"的固定资产,是指用以出租的机器设备类固定资产,不包括以经营租赁方式出租的建筑物,已出租的建筑物属于企业的投资性房地产,不属于固定资产。

(2)固定资产使用寿命超过一个会计年度。固定资产的使用寿命,是指企业使用固定资产的预计期间,或者该固定资产所能生产产品或提供劳务的数量。通常情况下,固定资产的使用寿命是指使用固定资产的预计期间,如企业使用期限超过一年的房屋、建筑物、机器、机械、运输工具以及其他与生产、经营有关的设备、器具、工具等,均列入固定资产的范畴。对于某些机器设备或运输设备等固定资产,其使用寿命往往以该固定资产所能生产产品或提供劳务的数量来表示,例如,发电设备按其预计发电量估计使用寿命,汽车或飞机等按其预计行驶里程估计使用寿命。

(3)固定资产为有形资产。固定资产具有实物特征,这一特征将固定资产与无形资产、应收账款、其他应收款等区别开来。

2.固定资产的确认

固定资产的确认是指企业在何时和以多少金额将固定资产作为企业所拥有或控制的资源进行反映。《企业会计准则第 4 号——固定资产》规定,除了符合上述定义外,固定资产还应在同时满足以下两个条件时,才能加以确认:该固定资产所包含的经济利益很可能流入企业,该固定资产的成本能够可靠地计量。

由于企业的经营内容、经营规模等各不相同,企业在对固定资产进行确认时,应考虑企业的具体情形加以判断。例如,企业的环保设备和安全设备等资产,虽然不能直接为企业带来经济利益,却有助于企业从相关资产中获得经济利益,也应当确认为固定资产,但这类资产与相关资产的账面价值之和不能超过这两类资产可收回金额总额。备品备件和维修设备通常确认为存货,但符合固定资产定义和确认条件的,例如,(民用航空运输)企业的高价周转件等,应当确认为固定资产。此外,固定资产的各组成部分,如果各自具有不同的使用寿命或者以不同的方式为企业提供经济利益,从而适用不同的折旧率或折旧方法的,应当单独确认为固定资产。例如,飞机的引擎如果与飞机机身具有不同的使用寿命,适用不同折旧率或折旧方法,则企业应当将其确认为单项固定资产。

(二)固定资产的分类

企业固定资产的种类繁多、规格不一,为了便于管理和核算,企业应根据自身具体情况对固定资产进行合理分类。

1.按固定资产的经济用途分类,分为生产经营用固定资产和非生产经营用固定资产

第一,生产经营用固定资产是指直接服务于企业生产经营活动的各种固定资产,如生产经营用的房屋、建筑物、机器设备、运输设备、动力传导设备、器具、工具等。

第二,非生产经营用固定资产是指不直接服务于企业生产经营活动的各种固定资产,如职工宿舍、食堂、浴室、理发室等福利部门使用的房屋、设备、器具、工具等。

按经济用途对固定资产进行分类,可以归类反映企业生产经营用固定资产和非生产经营用固定资产之间的组成与变化情况,借以考核和分析企业固定资产的利用情况,并根据实际需要加以调整,从而能够达到有效配置和充分利用固定资产的目的。

2.按固定资产的经济用途和使用情况综合分类

采用这一分类方法,可把企业的固定资产分为七大类。

第一,生产经营用固定资产。

第二,非生产经营用固定资产。

第三,租出固定资产是指在经营性租赁方式下出租给外单位使用的固定资产。

第四,不需用固定资产。

第五,未使用固定资产。

第六,土地是指过去已经估价单独入账的土地。因征地而支付的补偿费,应计入与土地有关的房屋、建筑物的价值内,不单独作为土地价值入账。

需注意的是,由于土地的所有权属于国家,企业只能取得土地的使用权,因此,企业不能将土地列入固定资产进行核算,对于取得的土地使用权,应作为一项无形资产进行处理。

第七,融资租入固定资产是指企业以融资租赁方式租入的固定资产,在租赁期内,应视同自有固定资产进行管理。

由于企业经营性质不同,经营规模各异,对固定资产的分类不可能完全一致,企业可以根据各自的具体情况和经营管理、会计核算的需要进行必要分类,制订适合本企业实际情况的固定资产目录和分类方法,作为固定资产核算的依据。

3.按固定资产的使用情况分类,分使用中固定资产、未使用固定资产和不需用固定资产

第一,使用中固定资产是指正在使用的经营性和非经营性固定资产。

由于季节性经营或大修理等原因而暂时停用的固定资产、出租(指经营性租赁)给其他单位使用的固定资产以及内部替换使用的固定资产,也属于使用中固定资产。

第二,未使用固定资产是指已经完工或者已经购建的尚未交付使用的新增固定资产以及因改建、扩建等原因暂停使用的固定资产,如企业购建的尚待安装的固定资产、因经营任务变更而停止使用的固定资产等。

第三,不需用固定资产是指不适合本企业需要,准备出售处理的各种固定资产。

按固定资产的使用情况进行分类,有利于企业了解固定资产的使用情况及利用效率,从而能够促使企业合理地使用固定资产,同时也有助于企业合理地计提固定资产的折旧。

4.按固定资产的所有权分类,可分为自有固定资产和租入固定资产

第一,自有固定资产是指企业拥有的可供企业自由支配使用的固定资产。

第二,租入固定资产是指企业采用租赁的方式从其他单位租入的固定资产。

企业对租入固定资产依照租赁合同拥有使用权,同时负有支付租金的义务,但资产的所有权属于出租单位。租入固定资产可分为经营性租入固定资产和融资租入固定资产两类。

按固定资产的所有权分类,有利于企业了解获得固定资产的具体途径,从而能够促使企业尽快形成生产能力。例如,当企业资金不足时,可通过融资租赁方式迅速取得固定资产。

(三)固定资产的计价

1.固定资产的计价基础

《企业会计准则第4号——固定资产》规定,固定资产应当按其成本进行初始计量。这里的成本,是指历史成本,即原始价值,也称为原价或原值。考虑到固定资产在使用过程中,随着时间的推移其价值由于损耗会逐渐减少,为了揭示固定资产的折余价值,会计实务中有时还需要以净值对固定资产进行计价。固定资产的计价主要有两种方法:

(1)按历史成本计价

固定资产的历史成本是指企业购建某项固定资产达到预定可使用状态前所发生的一切合理、必要的支出。企业新购建固定资产的计价、确定计提折旧的依据等均采用这种计价方法。

按历史成本计价的优点在于有据可依,具有可核性和客观性,因为按这种计价方法确定的固定资产投入价值,均是实际发生并有支付凭据的支出。在我国会计实务中,对固定资产的计价通常采用按历史成本计价的方法。

需注意的是,由于某种原因而无法确定固定资产的原始价值时,可按重置完全价值或市场价格对固定资产进行计价。重置完全价值是指企业在当前的市场条件下,重新购置同样的固定资产所需的全部支出。重置完全价值的构成内容与原始价值的构成内容相同。

购买固定资产的价款超过正常信用条件延期支付,实质上具有融资性质,固定资产的成本以购买价款的现值为基础确定。固定资产购买价款的现值应当按照各期支付的购买价款选择恰当的折现率进行折现后的金额加以确定。折现率是反映当前市场货币时间价值和延期付款债务特定风险的利率,该折现率实质上是供货企业的必要报酬率。各期实际支付的价款与购买价款的现值之间的差额,符合《企业会计准则第 17 号——借款费用》中规定的资本化条件的,应当计入固定资产成本。

（2）按净值计价

固定资产净值亦称为折余价值,是指固定资产原始价值或重置完全价值减去已提折旧后的净额。按净值对固定资产计价主要用于计算固定资产盘盈、盘亏或毁损的溢余或损失等。

2.固定资产的价值构成

固定资产的价值构成是指固定资产价值所包括的范围。从理论上讲,它应包括企业为购建某项固定资产达到预定可使用状态前所发生的一切合理的、必要的支出。这些支出既有直接发生的,如购建固定资产的价款、运杂费、包装费和安装成本等,也有间接发生的,如应予以资本化的借款利息、外币借款折合差额以及应分摊的其他间接费用等。由于固定资产取得的来源渠道不同,其价值构成的具体内容也有所不同。

（1）外购的固定资产。其入账价值按买价、进口关税等相关税费以及为使固定资产达到预定可使用状态前所发生的可直接归属于该资产的其他支出（如场地整理费、运输费、装卸费、安装费和专业人员服务费等）确定。

如果企业以一笔款项购入多项没有单独标价的固定资产,应按各项固定资产公允价值的比例对总成本进行分配,以分别确定各项固定资产的入账价值。如果以一笔款项购入的多项资产中还包括固定资产以外的其他资产,也应按类似的方法予以处理。

（2）自行建造的固定资产。按建造该项资产达到预定可使用状态前所发生的必要支出（包括工程用物资成本、人工成本、缴纳的相关税费、应予以资本化的借款费用以及应分摊的间接费用等）作为入账价值。

（3）投资者投入的固定资产。在办理了固定资产移交手续之后,应按投资合同或协议约定的价值加上应支付的相关税费作为固定资产的入账价值,但合同或协议约定价值不公允的除外。

（4）融资租入的固定资产。按租赁开始日租赁资产公允价值与最低租赁付款额现值两者中较低者,加上初始直接费用作为入账价值。

（5）按原固定资产的账面价值,加上由于改建、扩建而使该项资产达到预定可使用状态前发生的支出,减去改建、扩建过程中发生的变价收入作为入账价值。

(6)接受捐赠的固定资产应按以下规定确定其入账价值。

第一,捐赠方提供了有关凭据的,按凭据上标明的金额加上应支付的相关税费作为入账价值。

第二,捐赠方没有提供有关凭据的,应按以下顺序确定其入账价值。

①同类或类似固定资产存在活跃市场的,按同类或类似固定资产的市场价格估计的金额,加上应支付的相关税费,作为入账价值。

②同类或类似固定资产不存在活跃市场的,按接受捐赠的固定资产的预计未来现金流量现值,作为入账价值。

③如接受捐赠的系旧的固定资产,按依据上述方法确定的新固定资产价值,减去按该项资产的新旧程度估计的价值损耗后的余额,作为入账价值。

(7)债务重组中取得的固定资产。按其公允价值加上应支付的相关税费作为入账价值。

(8)非货币性资产交换中取得的固定资产。若该项交换具有商业实质,且换入资产或换出资产的公允价值能够可靠地计量的,应按换出资产的公允价值加上应支付的相关税费作为入账价值。否则,应按换出资产的账面价值加上应支付的相关税费作为固定资产的入账价值。

(9)企业合并取得的固定资产。若为同一控制下的企业合并,应按被合并方该资产的原账面价值作为入账价值,若为非同一控制下的企业合并,则应按其公允价值作为入账价值。

(10)盘盈的固定资产。盘盈的固定资产按以下规定确定其入账价值。

第一,同类或类似固定资产存在活跃市场的,按同类或类似固定资产的市场价格减去按该项资产的新旧程度估计的价值损耗后的余额,作为入账价值。

第二,同类或类似固定资产不存在活跃市场的,按该项固定资产的预计未来现金流量现值,作为入账价值。

二、固定资产的取得

(一)购入固定资产

企业购入的固定资产分为不需要安装的固定资产和需要安装的固定资产两种情形,应分别采用不同的方法进行核算。

1.**不需要安装的固定资产购入**

这类固定资产的入账价值包括买价、包装费、运杂费、保险费、专业人员服务费和相关税费(不含可抵扣的增值税进项税额)等。企业按应计入固定资产成本的金额,借记"固定资产"账户,贷记"银行存款""其他应付款""应付票据"等账户。

【例5—1】智董公司购入一台不需安装的生产用设备,发票上列明价款为80000元,增值税税款为12800元,发生运输费2000元,款项均以银行存款付清。根据以上资料,编制会计分录如下:

借:固定资产——××设备81860

应交税费——应交增值税(进项税额)12940(12800+2000×7%)

　　贷:银行存款95600

智董公司购置设备的成本=80000+2000×(1-7%)=81860(元)

如无特殊说明,本章例题中的企业均为增值税一般纳税人,其发生的购建固定资产的增值税进项税额均符合规定可以抵扣。

2.**需要安装的固定资产购入**

此类固定资产尚需经过设备安装过程,并发生各种安装成本。为了正确确定固定资产的入账价值,核算时,应先将支付的价款、相关税费以及安装成本记入"在建工程"账户,待设备安装完毕后,再将"在建工程"账户归集的成本转入"固定资产"账户。

【例5—2】承上例,假定智董公司购入的设备需要安装,且在安装过程中,领用了本企业原材料一批,价值3000元,购买该批原材料时支付的增值税进项税额为510元,支付安装工人的工资为4000元,设备安装完毕后,投入使用。编制会计分录如下:

1)购入设备时。

借:在建工程——××设备81860

应交税费——应交增值税(进项税额)12940(12800+2000×7%)

　　贷:银行存款94800

2)领用本企业原材料、支付安装工人工资等费用时。

借:在建工程——××设备7000

　　贷:原材料3000

　　应付职工薪酬4000

3)安装完毕达到预定可使用状态时。

借:固定资产——××设备 88860
　　贷:在建工程——××设备 88860

3.具有融资性质的固定资产购入

企业购买固定资产通常在正常信用条件期限内付款,但也会发生超过正常信用条件购买固定资产的经济业务事项,如采用分期付款方式购买资产,且在合同中规定的付款期限比较长,超过了正常信用条件,通常在三年以上。在这种情况下,该类购货合同实质上具有融资性质,购入资产的成本不能以各期付款额之和确定,而应以各期付款额的现值之和确定。购入固定资产时,按购买价款的现值,借记"固定资产"或"在建工程"账户,按应支付的金额,贷记"长期应付款"账户,按其差额,借记"未确认融资费用"账户。各期实际支付的价款与购买价款的现值之间的差额,符合《企业会计准则第 17 号——借款费用》中规定的资本化条件的,应当计入固定资产成本,否则应当在信用期间内确认为财务费用,计入当期损益。

4.存在弃置义务的固定资产购入

对于特殊行业的特定固定资产,确定其初始入账成本时,还应考虑弃置费用。弃置费用通常是根据国家法律和行政法规、国际公约等规定,企业承担的环境保护和生态恢复等义务所确定的支出,如核电站核设施等的弃置和恢复环境义务。弃置费用的金额与其现值比较,通常相差较大,需要考虑货币时间价值。对于这些特殊行业的特定固定资产,企业应当根据《企业会计准则第 13 号——或有事项》,按照现值计算确定应计入固定资产成本的金额和相应的预计负债。在固定资产的使用寿命内按照预计负债的摊余成本和实际利率计算确定的利息费用应计入财务费用。一般工商企业的固定资产发生的报废清理费用不属于弃置费用,应当在发生时作为固定资产处置费用处理。

【例 5-3】2011 年 1 月 1 日,智董公司以银行存款 1500000 元购入一台含有放射性元素的仪器,预计使用寿命 10 年。根据法律规定,企业应在该项仪器使用期满后将其拆除,并对造成的污染进行整治,预计使用期满报废时特殊处置费用为 400000 元。假定折现率(即实际利率)为 10%。

1)购入固定资产的会计处理。

弃置费用的现值＝400000×(P/F,10%,10)＝400000×0.3855＝154200(元)

固定资产入账价值＝1500000＋154200＝1654200(元)

借:固定资产 1654200
　　贷:银行存款 1500000

预计负债154200

2)计算2011年应负担的利息(按实际利率法计算)。

借:财务费用15420(154200×10%)

　　贷:预计负债15420

3)计算2012年应负担的利息。

2012年应负担的利息=154200+15420×10%=155742(元)

借:财务费用155742

　　贷:预计负债155742

以后会计年度的会计处理方法同上。

(二)自行建造固定资产

自行建造的固定资产是指企业通过利用自有的人力、物力条件以自营建造(即自营工程)方式或出包给承包单位建造(出包工程)方式取得的固定资产。无论采用何种方式自行建造固定资产,企业均应设置"在建工程"账户进行核算。

1.自营工程

企业自营建造的固定资产,应按建造过程中发生的全部支出(包括直接材料、直接人工、其他与自营建造固定资产相关的支出以及在固定资产达到预定使用状态前发生的资本化利息等)作为入账价值。

企业自营工程主要通过设置"工程物资"和"在建工程"账户进行核算。"工程物资"账户用来核算在建工程的各种物资的实际成本;"在建工程"账户用来核算企业为工程所发生的实际支出。

企业购入工程所需的材料物资时,应按实际支付的买价、运输费、保险费等相关税费作为实际成本,并按照各种专项物资的种类进行明细核算。购买时,借记"工程物资"账户,贷记"银行存款"等账户。领用工程物资用于工程时,应按其实际成本,借记"在建工程——××工程"账户,贷记"工程物资"账户。领用本企业的商品产品用于工程时,应按其实际成本和应负担的增值税销项税额,借记"在建工程——××工程",贷记"库存商品""应交税费——应交增值税(销项税额)"账户。

领用本企业生产用的原材料用于工程时,应按其实际成本,借记"在建工程——××工程"账户,贷记"原材料"账户。

工程应负担的职工薪酬,应借记"在建工程——××工程"账户,贷记"应付职工薪酬"账户。

企业辅助生产车间为工程提供的水、电、设备安装、修理、运输等劳务,应按实际成本,借记"在建工程——××工程"账户,贷记"生产成本——辅助生产成本"账户。

工程发生的其他支出,应借记"在建工程一××工程"账户,贷记"银行存款"等账户。

自营建造的固定资产在交付使用前应负担的资本化利息,应借记"在建工程——××工程"账户,贷记"长期借款""应付债券"等账户。

建设期间发生的工程物资盘亏、报废及毁损,减去残料价值以及保险公司、过失人等赔款后的净损失,计入所建工程项目的成本,借记"原材料""其他应收款""在建工程——××工程"等账户,贷记"工程物资"账户。盘盈的工程物资或处置净收益,冲减所建工程项目的成本,应借记"原材料""银行存款"等账户,贷记"在建工程——××工程"账户。工程完工后发生的工程物资盘盈、盘亏、报废、毁损,计入当期"营业外收入"或"营业外支出"账户。

工程完工交付使用时,应按工程的实际成本,借记"固定资产"账户,贷记"在建工程——××工程"账户。

高危行业企业按照国家规定提取的安全生产费,应当计入相关产品的成本或当期损益,同时记入"专项储备"账户。企业使用提取的安全生产费形成固定资产的,应当通过"在建工程"账户归集所发生的支出,待安全项目完工达到预定可使用状态时确认为固定资产,同时,按照形成固定资产的成本冲减专项储备,并确认相同金额的累计折旧。该固定资产在以后期间不再计提折旧。

【例5—4】智董公司采用自营方式建造厂房一幢,购入为工程准备的各种物资300000元,支付的增值税税额为48000元,实际领用工程物资的成本为270000元,剩余工程物资转作企业存货。此外,建设期间还领用了企业生产用的原材料一批,实际成本为45000元,购买该批原材料时支付的增值税进项税额为7200元;工程应负担的工程人员薪酬为85500元,企业辅助生产车间为工程提供的有关劳务支出为15000元;工程应负担的长期借款利息为10000元,工程发生的其他支出为20000元,以银行存款支付。工程完工后立即交付使用。

根据上述资料,企业应做如下账务处理:

1)购入工程物资。

借:工程物资 300000

应交税费——应交增值税(进项税额)48000

  贷:银行存款 351000

2)领用工程物资。

借:在建工程——建筑工程(厂房)270000

　　贷:工程物资 270000

3)领用生产用的原材料用于工程。

借:在建工程——建筑工程(厂房)45000

　　贷:原材料 45000

4)应负担的工程人员薪酬。

借:在建工程——建筑工程(厂房)85500

　　贷:应付职工薪酬 85500

5)辅助生产车间为工程提供的劳务支出。

借:在建工程——建筑工程(厂房)15000

　　贷:生产成本——辅助生产成本 15000

6)工程应负担的长期借款利息。

借:在建工程——建筑工程(厂房)10000

　　贷:长期借款 10000

7)工程发生的其他支出。

借:在建工程——建筑工程(厂房)20000

　　贷:银行存款 20000

8)剩余工程物资转作企业存货。

借:原材料 30000

　　贷:工程物资 30000

9)工程完工交付使用。

固定资产的入账价值＝270000＋45000＋85500＋15000＋10000＋20000＝445500(元)

借:固定资产 445500

　　贷:在建工程——建筑工程(厂房)445500

在建设期间发生的,不能直接计入某项固定资产价值,而应由所建造固定资产共同负担的相关费用,包括为建造工程发生的管理费、征地费、可行性研究费、临时设施费、公证费、监理费、应负担的税金、符合资本化条件的借款费用、建设期间发生的工程物资盘亏、报废及毁损净损失,以及负荷联合试车费等,应记入"在建工程——待摊支出"账户。试车期间形成的产品或副产品对外销售或转为库存商品时,应借记"银行存款""库存商品"等账户,贷记"在建工程——待摊支出"账户。在建工程达到预定可使用状态时,对发生的待摊支出应分配计算,计入各工程成本中。

在建工程若发生单项或单位工程报废或毁损,应将其实际成本扣除残料价值或变现收入和责任人或保险公司等赔款后的净损失部分,计入继续施工的工程成本,借记"在建工程——其他支出"账户,按残料入库价值或变现收入,借记"原材料"或"银行存款"等账户,按应收责任人或保险公司的赔款,借记"其他应收款"账户,按报废或毁损工程的实际成本,贷记"在建工程——××工程"账户;若是非常原因造成的报废或毁损,或在建工程项目全部报废或毁损,应将其净损失直接计入当期营业外支出。

所建造的固定资产已达到预定可使用状态,但尚未办理竣工决算的,应当自达到预定可使用状态之日起,按照工程预算、造价或工程实际成本等对固定资产进行估价,按估计的价值转入固定资产,并按规定计提折旧,待办理了竣工决算手续后再作调整,但不需要调整原已计提的折旧额。

2. 出包工程

采用出包方式建造固定资产,企业要与建造承包商签订建造合同。企业是建造合同的甲方,负责筹集资金和组织管理工程建设,通常称为建设单位;建造承包商是建造合同的乙方,负责建筑安装工程施工任务。企业的新建、改建、扩建等建设项目,通常均采用出包方式。

企业以出包方式建造固定资产,其成本由建造该项固定资产达到预定可使用状态前所发生的必要支出构成,包括发生的建筑工程支出、安装工程支出以及需分摊计入各固定资产价值的待摊支出。建筑工程、安装工程支出,如人工费、材料费、机械使用费等由建造承包商核算;对发包企业而言,建筑工程支出、安装工程支出是构成在建工程成本的重要内容,发包企业按照合同规定的结算方式和工程进度定期与建造承包商办理工程价款结算,结算的工程价款计入在建工程成本。待摊支出是指在建设期间发生的,不能直接计入某项固定资产价值,而应由所建造固定资产共同负担的相关费用,包括为建造工程发生的管理费、征地费、可行性研究费、临时设施费、公证费、监理费、应负担的税金、符合资本化条件的借款费用、建设期间发生的工程物资盘亏、报废及毁损净损失,以及负荷联合试车费等。其中,征地费是指企业通过划拨方式取得建设用地发生的青苗补偿费、地上建筑物、附着物补偿费等。企业为建造固定资产通过出让方式取得土地使用权而支付的土地出让金不计入在建工程成本,应确认为无形资产(土地使用权)。

在出包方式下,企业应按与承包单位结算的工程价款作为工程成本,计入"在建工程"账户。当企业按合同规定预付承包单位的工程价款时,借记"在建工程——建筑工程——××工程""在建工程——安装工程——××工程"账户,贷记"银行存款"等账户,工程完工收到承包单位账单,补付工程价款时,借记"在建工程"账户,贷记"银行存款"等账户;出包工程在竣工结算之前应负担的资本化利息等,也应计入工程成本,借记"在建工程"账户,贷记"长期借款""应付债券"等账户。企业将需安装设备运抵现场安装时,借记"在建工程——在安装设备——××设备"账户,贷记"工程物资——××设备"账户,企业为建造固定资产发生的待摊支出,借记"在建工程——待摊支出"账户,贷记"银行存款""应付职工薪酬""长期借款"等账户。

在建工程达到预定可使用状态时,首先计算分配待摊支出,待摊支出的分配率可按下列公式计算:

$$待摊费用配率 = \frac{累计发生的待摊费用}{建筑工程支出 + 安装工程支出 + 在安装设备支出}$$

××工程应分配的待摊支出 = (××工程的建筑工程支出 + 安装工程支出 + 在安装设备支出) × 分配率

其次,计算确定已完工的固定资产成本,公式为:

房屋、建筑物等固定资产成本 = 建筑工程支出 + 应分摊的待摊支出

需要安装设备的成本 = 设备成本 + 为设备安装发生的基础、支座等建筑工程支出 + 安装工程支出 + 应分摊的待摊支出

最后,进行相应的会计处理,借记"固定资产"账户,贷记"在建工程——建筑工程""在建工程——安装工程""在建工程——待摊支出"等账户。

【例5-5】智董公司将一幢新建厂房的工程出包给怡平建筑工程公司承建,按合同规定先向怡平建筑工程公司预付工程价款 300000 元,此外,工程应负担的长期借款利息为 10000 元;工程完工后,收到怡平建筑工程公司的工程结算单据,补付工程价款 129000 元。工程完工经验收后交付使用。

根据上述资料,该公司应做账务处理如下:

1)预付工程价款。

　　借:在建工程——建筑工程(厂房)300000

　　　　贷:银行存款 300000

2)工程应负担的长期借款利息。

　　借:在建工程——建筑工程(厂房)10000

贷:长期借款 10000

3)补付工程价款。

借:在建工程——建筑工程(厂房)129000

   贷:银行存款 129000

4)工程完工交付使用。

借:固定资产 439000

   贷:在建工程——建筑工程(厂房)439000

(三)投资者投入固定资产

企业接受投资者投入的固定资产,应按投资合同或协议约定的价值加上应支付的相关税费,作为固定资产的入账价值,但合同或协议约定价值不公允的除外。在投资合同或协议约定价值不公允的情况下,按照该项固定资产的公允价值作为入账价值。

(四)接受捐赠固定资产

企业接受捐赠取得的固定资产,应当分别按以下情况确定其入账成本。

(1)捐赠方提供了发票、协议等有关凭据的,按凭据上注明的金额加上应支付的相关税费作为入账成本。

(2)捐赠方没有提供有关凭据的,按以下顺序确定入账成本。

①同类或类似固定资产存在活跃市场的,按同类或类似固定资产的市场价格估计的金额,加上应支付的相关税费作为入账成本。

②同类或类似固定资产不存在活跃市场的,按该接受捐赠固定资产预计未来现金流量的现值,作为入账成本。

企业收到捐赠的固定资产时,按照上述规定确定的入账成本,借记"固定资产"等账户,按实际支付或应付的相关税费,贷记"银行存款""应交税费"等账户;按其差额,贷记"营业外收入——捐赠利得"账户。

【例 5—6】智董公司接受贵琛公司捐赠的设备一台,估计九成新,该类设备的市场价格为 80000 元。智董公司在接受捐赠过程中以银行存款支付包装费、运输费共计 2000 元。

根据上述资料,智董公司应做如下账务处理:

借:固定资产 74000(80000×90%+2000)

   贷:银行存款 2000

营业外收入——捐赠利得 72000

(五)非货币性资产交换取得的固定资产

非货币性资产交换是指交易双方主要以存货、非货币性资产进行的交换。该交换不涉及或只涉及少量的货币性资产(即补价)。

货币性资产是指企业将以固定或可确定的金额收取的资产,包括现金、银行存款、应收账款和应收票据以及准备持有至到期的债券投资等。货币性资产以外的资产为非货币性资产。以非货币性资产交换取得的资产的入账价值的确定是非货币性资产交换的确认和计量中的一个关键性问题,理论上应以换出资产的公允价值或换入资产的公允价值为基础加以确定,并且选择其中的更为可靠者。换出资产的账面价值与确定的公允价值之间的差额,应作为非货币性资产交换的利得和损失予以确认。这是国际上通行的做法。

我国《企业会计准则第 7 号——非货币性资产交换》规定,满足下列条件之一的,非货币性资产交换具有商业实质:

(1)换入资产的未来现金流量在风险、时间和金额方面与换出资产显著不同。

(2)换入资产与换出资产的预计未来现金流量现值不同,且其差额与换入资产和换出资产的公允价值相比是重大的。非货币性资产交换具有商业实质且换入资产或换出资产公允价值能够可靠计量的,应当以换出资产的公允价值和应支付的相关税费作为换入资产的成本,除非有确凿证据表明换入资产的公允价值比换出资产公允价值更加可靠。涉及补价的,支付补价方和收到补价方应当分情况处理。

①支付补价方:应当以换出资产的公允价值加上支付的补价和应支付的相关税费作为换入资产的成本(入账价值);换入资产成本与换出资产账面价值加支付的补价、应支付的相关税费之和的差额应当计入当期损益(营业外收支)。

②收到补价方:应当以换出资产的公允价值减去补价再加上应支付的相关税费作为换入资产的成本(入账价值);换入资产成本加收到的补价之和与换出资产账面价值加应支付的相关税费之和的差额应当计入当期损益(营业外收支)。

非货币性资产交换不具有商业实质,或者虽然具有商业实质但换入资产和换出资产的公允价值均不能可靠计量的,应当以换出资产账面价值为基础确定换入资产成本,无论是否支付补价,均不确认损益。涉及补价的,补价应作为确定换入资产成本的调整因素,收到补价方应当以换出资产的账面价值减去补价再加上应支付的相关税费作为换入资产的成本;支付补价方应当以换出资产的账面价值加上补价和应支付的相关税费作为换入资产的成本。

【例5—7】2011年8月,智董公司以生产经营过程中使用的一台设备交换贵琛公司的一栋厂房。设备的账面原价为100000元,在交换日的累计折旧为15000元,公允价值为95000元。厂房的账面价值为100000元,在交换日的公允价值为95000元,计税价格等于公允价值。贵琛公司换入智董公司的设备作为固定资产使用。假设智董公司此前没有为该项设备计提资产减值准备,整个交易过程中,除支付设备拆除费1500元,没有发生其他相关税费。

智董公司的账务处理如下:

借:固定资产清理 85000
累计折旧 15000
　　贷:固定资产——设备 100000
借:固定资产清理 1500
　　贷:银行存款 1500
借:固定资产——厂房 95000
　　贷:固定资产清理 86500
营业外收入——非货币性资产交换利得 8500

(六)债务重组取得的固定资产

债务重组是指在债务人发生财务困难的情况下,债权人按照其与债务人达成的协议或者法院的裁定做出让步的事项。

对债权人来说,债务人以固定资产清偿债务的,债权人应当对接受的固定资产按其公允价值加上应支付的相关税费入账,重组债权的账面价值(账面余额减去已计提的坏账准备)与接受的固定资产的公允价值之间的差额,确认为债务重组损失,计入营业外支出。

【例5—8】2010年9月10日,智董公司销售一批商品给贵琛公司,含税价为2340000元。因贵琛公司发生财务困难,无法按合同规定偿还债务,2011年9月10日,贵琛公司与智董公司协商进行债务重组。双方达成的债务重组协议内容如下:智董公司同意贵琛公司用其设备抵偿债务,抵债设备的账面原价为2100000元,累计折旧为300000元,该设备的公允价值为2000000元,抵债资产均已转让完毕。

假定智董公司已对该项债权计提坏账准备10000元,智董公司在接受抵债资产时,安装设备发生的安装成本为20000元,不考虑其他相关税费,则债权人智董公司的会计处理如下:

1)结转债务重组损失。

借:在建工程——在安装设备坏账准备

营业外支出——债务重组损失

　　贷:应收账款——贵琛公司

2)支付安装成本。

借:在建工程——在安装设备

　　贷:银行存款

3)安装完毕达到可使用状态。

借:固定资产——××设备

　　贷:在建工程——在安装设备

三、固定资产折旧

(一)固定资产折旧的性质

固定资产虽然在使用过程中始终保持其原有的实物形态不变,但由于有形损耗和无形损耗的存在,使得其使用价值或服务潜力随着时间的推移而逐渐下降,相应地,其价值也在逐渐减少。有形损耗是指固定资产在使用过程中由于使用和自然力的影响在使用价值和价值上的损耗。无形损耗是指由于技术进步而引起的固定资产价值上的损耗。由于企业使用固定资产产生的效益涉及几个会计年度(或几个营业周期),按照收入与其相关成本、费用相配比的原则,对于固定资产损耗的价值应在固定资产的使用寿命内采用系统、合理的方法进行分摊,并以折旧的形式在产品销售收入中得到补偿。

折旧是指在固定资产的使用寿命内,按照确定的方法对应计折旧额进行的系统分摊。其中,应计折旧额是指应当计提折旧的固定资产的原价扣除其预计净残值后的余额,如果已对固定资产计提减值准备的,还应当扣除已计提的固定资产减值准备累计金额。使用寿命是指企业使用固定资产的预计期间,有些固定资产的使用寿命也可以用该资产所能生产的产品或提供的劳务的数量来表示。

(二)影响固定资产折旧的因素

固定资产折旧,即将固定资产损耗的价值转移到产品成本中或构成期间费用,然后通过产品销售,从销售收入中或营业利润中得到补偿。影响固定资产折旧的因素主要有五个方面。

1. 计提固定资产折旧的基数

计提固定资产折旧的基数通常为固定资产的原始价值或固定资产的账面净值。通常，企业以固定资产的原价作为计提折旧的依据，选用双倍余额递减法的企业，以固定资产的账面净值作为计提折旧的依据。

2. 固定资产的净残值

固定资产的净残值是指假定固定资产预计使用寿命已满并处于使用寿命终了时的预期状态，企业目前从该项资产处置中获得的扣除预计处置费用后的余额，同时要求企业至少于每年年度终了时对预计净残值进行复核。

3. 固定资产的使用寿命

固定资产使用寿命的长短直接关系到各期应提折旧额的高低。企业在确定固定资产的使用寿命时，主要应当考虑下列因素：

第一，该资产的预计生产能力或实物产量，即企业对该资产的预计使用程度。

第二，该资产的有形损耗，如设备在使用中发生磨损、房屋建筑物受到自然侵蚀等。

第三，该资产的无形损耗，如因新技术的出现而使现有的资产技术水平相对陈旧、市场需求变化使产品过时等。

第四，有关资产使用的法律或者类似规定的限制，如对于融资租赁的固定资产，根据《企业会计准则第21号——租赁》规定，能够合理确定租赁期届满时将会取得租赁资产所有权的，应当在租赁资产使用寿命内计提折旧；如果无法合理确定租赁期届满时能够取得租赁资产所有权的，应当在租赁期与租赁资产使用寿命两者中较短的期间内计提折旧。

4. 固定资产减值准备

固定资产减值准备指已计提的固定资产减值准备累计金额。固定资产计提减值准备后，应当在剩余使用寿命内根据调整后的固定资产账面价值（固定资产账面余额扣减累计折旧和累计减值准备后的金额）和预计净残值重新计算确定折旧率和折旧额。

5. 计提折旧的方法

折旧方法的选用将直接影响应计折旧额在固定资产各使用年限之间的分配结果，从而影响各年的利润总额和应缴所得税。

企业应当根据固定资产的性质和使用情况，合理地确定固定资产的使用寿命和预计净残值，并根据与固定资产有关的经济利益的预期实现方式合理选择折旧方法。固定资产的使用寿命、预计净残值和折旧方法一经确定,不得随意变更。固定资产使用过程中所处经济环境、技术环境以及其他环境的变化也可能致使与固定资产有关的经济利益的预期实现方式发生重大改变。如果固定资产给企业带来经济利益的方式发生重大变化,企业也应相应改变固定资产折旧方法。

(三)固定资产折旧的范围

企业在用的固定资产一般均应计提折旧,具体范围包括:房屋和建筑物,在用的机器设备、仪器仪表、运输工具、工具器具,季节性停用、大修理停用的固定资产,融资租入和以经营租赁方式租出的固定资产。

不计提折旧的固定资产包括:房屋、建筑物以外的未使用、不需用固定资产,以经营租赁方式租入的固定资产,已提足折旧仍继续使用的固定资产,按规定单独作价作为固定资产入账的土地,改建、扩建中的固定资产。

企业一般应当按月提取折旧,在实际计提时,当月增加的固定资产,当月不提折旧,从下月起计提折旧,当月减少的固定资产,当月仍提折旧,从下月起停止计提折旧。固定资产应计折旧额提足后,不论能否继续使用,均不再提取折旧,提前报废的固定资产,也不再补提折旧,其未提足折旧的净损失计入营业外支出。

(四)固定资产折旧的方法

固定资产折旧方法是将固定资产的应计折旧额在固定资产的使用寿命内分摊时所采用的具体计算方法。计提固定资产折旧的方法有很多,如年限平均法、工作量法、加速折旧法。

1. 年限平均法

年限平均法又称直线法,是将固定资产的应计折旧额在固定资产的预计使用年限内均衡地分摊到各期的一种方法。采用这种方法计算的每期折旧额均是等额的。其计算公式为:

$$年折旧额 = \frac{固定资产原值 - (预计残值收入 - 预计清理费用)}{预计使用年限}$$

$$或 = \frac{固定资产原值 \times (1 - 预计净残值率)}{预计使用年限}$$

$$月折旧额 = 年折旧额 \div 12$$

在实际工作中,固定资产折旧额通常是按事先确定的折旧率计算的。其计算公式为:

$$年折旧率 = \frac{年折旧额}{固定资产原值} \times 100\% = \frac{1 - 预计净残值率}{预计使用年限} \times 100\%$$

月折旧率＝年折旧率÷12

月折旧额＝固定资产原值×月折旧率

【例5—9】智董公司一幢厂房的原值为600000元，预计可使用20年，按照有关规定，该厂房报废时的预计净残值率为4％，则该厂房的折旧率和折旧额的计算为：

$$年折旧率＝\frac{1-4\%}{20}×100\%＝4.8\%$$

$$月折旧率＝4.8\%÷12＝0.4\%$$

$$月折旧额＝600000×0.4\%＝2400（元）$$

固定资产的折旧率可按单项固定资产计算，也可按某类或全部固定资产计算，以分别确定个别折旧率、分类折旧率或综合折旧率，计算公式为：

$$个别折旧率＝\frac{某项固定资产年折旧额}{该项固定资产原值}×100\%$$

$$分类折旧率＝\frac{某项固定资产年折旧额之和}{该类固定资产原值之和}×100\%$$

$$综合折旧率＝\frac{各项固定资产年折旧额之和}{各项固定资产原值之和}×100\%$$

在计算分类折旧率时，应先把性质、结构和使用年限接近的固定资产归为一类，如将房屋、建筑物划分为一类，将机械、设备划分为一类等。采用分类折旧率计算固定资产折旧，其准确性较个别折旧率差，但较综合折旧率高。

采用年限平均法计提折旧简便易行，但该方法没有考虑固定资产在各期的使用情况及其所带来的经济利益。一般而言，固定资产在其使用前期工作效率相对较高，所带来的经济利益较多，而且发生的维修费也较少；在其使用后期，工作效率一般呈下降趋势，所带来的经济利益逐渐减少，而且发生的维修费也较多。因此，将固定资产的应计折旧额在各期平均分摊，便会出现固定资产各期的使用成本很不均衡，早期负担偏低，后期负担偏高的现象，这是不合理的。该种方法一般应在固定资产各期负荷程度基本相同的情况下使用。

2.工作量法

工作量法是根据固定资产实际完成的工作量计提折旧的一种方法。其计算公式为：

$$某项固定资产单位工作量折旧额＝\frac{该项固定资产原值-（1-预计净残值率）}{该项固定资产预计完成的总工作量}$$

某项固定资产月折旧额＝该项固定资产当月实际完成的工作量×该项固定

资产单位工作量折旧额

上述的"工作量",可用运输里程、机器工时或机械台班来表示。

3.加速折旧法

加速折旧法也称为快速折旧法或递减折旧法,是指在固定资产的使用前期多提折旧,后期少提折旧,以使固定资产的大部分成本在其使用前期尽快得到补偿,从而相对加快折旧速度的一种方法。加速折旧的计提方法有多种,常用的主要有两种。

(1)双倍余额递减法

双倍余额递减法是按固定资产账面净值和双倍直线折旧率计提折旧的方法,计算公式为:

$$年折旧额 = \frac{2}{预计使用年限} \times 100\%$$

月折旧率＝年折旧率÷12

月折旧额＝固定资产账面净值×月折旧率

上述公式中的年折旧率是在直线法下,假定不考虑预计净残值时的年折旧率的两倍,计提折旧的基数差固定资产账面净值,呈逐年递减的趋势。

需注意的是,采用双倍余额递减法计提折旧时,应当在固定资产折旧年限到期前两年内,将固定资产账面净值扣除预计净残值后的余额(即未提足的应计折旧额部分)平均摊销。

(2)年数总和法

年数总和法又称合计年限法,是指根据固定资产的原值减去预计净残值后的净额和该年固定资产尚可使用年数占各年固定资产尚可使用年数总和的比重(即年折旧率)计提折旧的一种方法。其计算公式如下:

$$年折旧额 = \frac{该年固定资产尚可使用年数年折旧额}{各年固定资产尚可使用年数总和} \times 100\%$$

$$或 = \frac{预计使用年限 - 已使用年限}{预计使用年限 \times (预计使用年限 + 1)/2} \times 100\%$$

月折旧率＝年折旧率÷12

月折旧额＝(固定资产原值—预计净残值)×月折旧率

上述公式中,年折旧率是变动的,它随固定资产使用寿命的缩短而逐年下降,但计提折旧的基数则是固定的,即始终为应计折旧总额。

(五)固定资产折旧的会计处理

企业计提的固定资产折旧应设置"累计折旧"账户进行核算,该账户一般只进行总分类核算而不进行明细分类核算。若需查明某项固定资产的累计已提折旧，可根据该项固定资产卡片上的相关资料（如原值、年折旧率、预计使用年限、已使用年限等）计算求得。

企业按月计提的固定资产折旧，应根据固定资产的使用地点和用途，分别计入有关成本、费用，借记"制造费用""管理费用""销售费用""在建工程""其他业务成本"等账户，贷记"累计折旧"账户。

四、固定资产的后续支出

固定资产的后续支出是指固定资产投入使用以后发生的一些必要支出，如固定资产维修、改扩建等发生的支出。企业在发生这些支出时，需要确认这些支出应该是资本化还是费用化，确认的标准是这些支出是否符合固定资产的确认条件。

(一)费用化的后续支出

费用化的后续支出是指与固定资产有关的修理费用等后续支出。固定资产的日常修理费用、大修理费用等支出只是确保固定资产保持良好的工作状态，一般不产生未来的经济利益，因此，通常不符合固定资产的确认条件，在发生时应直接计入当期损益。企业对固定资产进行修理、维护保养、较小幅度的质量改进等发生的支出，均属于费用化的后续支出。

固定资产的修理按其修理范围的大小和修理间隔时间的长短，可分为大修理和中小修理，中小修理也称为日常修理。

日常修理的特点是：修理范围小，修理次数多，间隔时间短，每次支出少。由于其每次发生的支出数额较小，为了简化核算工作，日常修理支出在发生时应直接计入当期成本、费用，按固定资产的用途，分别借记"制造费用""管理费用""销售费用""其他业务成本"等账户，贷记"银行存款"等账户。

大修理的特点是：修理范围大，修理次数少，间隔时间长，每次支出多。由于其每次发生的支出数额较大，为了均衡各期的成本、费用，大修理支出可采用预提或待摊的方式进行核算。采用预提方式的，应当在两次大修理间隔期内各期均衡地预提预计发生的大修理支出，并计入有关成本、费用；采用待摊方式的，应当将发生的大修理支出在下一次大修理前平均摊销，计入有关成本、费用。

(二)资本化的后续支出

资本化的后续支出是指与固定资产有关的、使可能流入企业的经济利益超过原先估计的那部分后续支出。如固定资产的改建、扩建,部件的换新、再安装及再组合等,其支出能导致企业未来经济利益的增加,应在发生时予以资本化,计入固定资产的账面价值。

固定资产的改建,亦称改良,是指为了提高固定资产的质量而采取的措施,其特点是:支出数额较大;固定资产的质量有显著的提高,如以自动装置代替非自动装置,或将设备的主要零件拆除,换上功能更佳、质量更好的不同类型零件等。固定资产的扩建是指为了提高固定资产的生产能力而采取的措施,其特点是:增加了新的实物,固定资产的性能有较大的改进,如增加房屋的楼层等。固定资产改扩建后,有些会因延长使用年限而提高了生产能力;有些则仅仅会提高产品质量、降低生产成本或增加生产能力而不延长使用年限。对于因改扩建而延长了使用年限的固定资产,应对其原使用年限和折旧率进行调整。

固定资产的改扩建支出属于资本性支出,应计入固定资产的账面价值。固定资产改建、扩建工程一般先通过"在建工程"账户进行核算:将该固定资产的原价、已计提的累计折旧和减值准备转销,将固定资产的账面价值转入在建工程,并停止计提折旧。在改建、扩建工程完工并达到预定可使用状态时,再从在建工程转为固定资产,并按重新确定的使用寿命、预计净残值和折旧方法计提折旧。

五、固定资产处置

固定资产处置包括固定资产的出售、转让、报废或毁损,对外投资,非货币性资产交换、捐赠、抵债等。

《企业会计准则第 4 号——固定资产》规定,固定资产满足下列条件之一的,应当予以终止确认:该固定资产处于处置状态;该固定资产预期通过使用或处置不能产生经济利益。

企业因出售、报废或毁损、对外投资、捐赠、抵偿债务等原因减少的固定资产,应通过"固定资产清理"账户进行核算。由于固定资产的处置方式不同,其会计处理亦不尽相同。

(一)固定资产出售的会计处理步骤

1)将固定资产转入清理,注销其账面价值。企业出售的固定资产转入清理时,应按其账面价值,借记"固定资产清理"账户,按已计提的折旧,借记"累计折旧"账户,按已计提的减值准备,借记"固定资产减值准备"账户,按固定资产原值,贷记"固定资产"账户。

2)收回出售价款。企业收回出售固定资产的价款时,应按实际收到的款项,借记"银行存款"账户,贷记"固定资产清理"账户。

3)发生清理费用。在清理过程中发生的清理费用,如支付清理人员的工资等,应按其实际发生额,借记"固定资产清理"账户,贷记"应付职工薪酬""银行存款"等账户。

4)计算应缴纳的增值税。企业销售固定资产(如销售不动产),应按规定计算缴纳增值税,计算的增值税也应记入"固定资产清理"账户。按应缴纳的税金,借记"固定资产清理"账户,贷记"应交税费——应交增值税"账户。

5)处理净损益。固定资产清理后发生的净收益,企业应区别不同的情况进行处理:属于筹建期间的,冲减长期待摊费用,借记"固定资产清理"账户;贷记"长期待摊费用"账户;属于生产经营期间的,计入当期损益,借记"固定资产清理"账户,贷记"营业外收入——处置非流动资产利得"账户。若清理后,发生净损失,企业也应区别不同的情况进行处理:属于筹建期间的,计入长期待摊费用,借记"长期待摊费用"账户,贷记"固定资产清理"账户;属于生产经营期间的,借记"营业外支出—处置非流动资产损失"账户,贷记"固定资产清理"账户。

(二)固定资产报废

固定资产报废,按其形成原因可分为两类:一类是由于使用期限已满不再继续使用而形成的正常报废,另一类是由于技术进步或由于意外情况发生毁损而导致的提前报废。固定资产报废的会计处理,与出售基本相同,即将转入清理的固定资产账面价值、支付的清理费用等记入"固定资产清理"账户的借方,取得固定资产残料的变价收入或残料入库、应收保险公司及责任人的赔款等,应冲减清理支出,借记"银行存款""原材料""其他应收款"等账户,贷记"固定资产清理"账户,借方与贷方的差额即为固定资产清理净损益。净损益处理也同固定资产出售,但对于生产经营期间由于自然灾害等非正常原因造成的损失,应借记"营业外支出——非常损失"账户,贷记"固定资产清理"账户。

(三)固定资产投资转出

在非同一控制下的企业控股合并中,企业投资转出的固定资产,应按其公允价值,借记"长期股权投资"账户,贷记"固定资产清理"账户。同时,按对其已计提的折旧,借记"累计折旧"账户;按对其已计提的减值准备,借记"固定资产减值准备"账户;按固定资产账面净值加上相关税费,借记"固定资产清理"账户;按固定资产账面原值,贷记"固定资产"账户;按应支付的相关税费,贷记"银行存款""应交税费"等账户,最后,将固定资产清理的净损益转入"营业外收入"或"营业外支出"账户。在同一控制下的企业控股合并中,按照取得被合并方所有者权益账面价值的份额作为长期股权投资的初始投资成本,长期股权投资的初始投资成本与转让的固定资产账面价值之间的差额,应当调整资本公积(资本溢价或股本溢价);资本公积(资本溢价或股本溢价)的余额不足冲减的,调整留存收益。

(四)固定资产清查

为了保证固定资产账实相符,保证固定资产核算的真实性和完整性,企业应当定期或不定期地对固定资产进行盘点清查。一般来说,企业至少应在年度终了编制年度财务报告之前,对固定资产进行一次全面的清查。在清查过程中,对盘盈、盘亏的固定资产,应及时查明原因,编制固定资产盘点报告表,并按规定的管理权限报经企业有关部门或机构批准后,在期末结账前处理完毕。若在期末结账前尚未经批准的,企业也应当在对外提供财务报告时先进行处理,并在会计报表附注中加以说明,如果其后批准处理的金额与已处理的金额不一致,应按其差额调整会计报表相关项目的年初数。

固定资产的盘亏,应通过"待处理财产损溢——待处理固定资产损溢"账户进行核算。盘盈的固定资产,作为前期差错处理,应通过"以前年度损益调整"账户核算。

1.固定资产盘盈

对盘盈的固定资产,应按同类或类似固定资产的市场价格减去按该项资产的新旧程度估计的价值损耗后的余额,或该项固定资产的预计未来现金流量现值,借记"固定资产"账户,贷记"以前年度损益调整"账户。

2.固定资产盘亏

固定资产盘亏是指在清查中发现账面上记载的某项固定资产,其实物已不存在。对于盘亏的固定资产,在报经批准处理前,应按其账面价值,借记"待处理财产损溢—待处理固定资产损溢"账户;按对其已计提的折旧,借记"累计折旧"账户;按对其已计提的减值准备,借记"固定资产减值准备"账户;按其账面原值,贷记"固定资产"账户。报经批准后,按可收回的保险赔偿或过失人赔偿,借记"其他应收款"账户;按应计入营业外支出的金额,借记"营业外支出——盘亏损失"账户,贷记"待处理财产损溢——待处理固定资产损溢"账户。

六、固定资产的减值

企业的固定资产在使用过程中,由于存在有形损耗(如自然磨损、损坏等),无形损耗(如技术陈旧等),或市价、市场利率等的变化,固定资产有时会发生减值。固定资产的减值是指固定资产的可收回金额低于其账面价值。固定资产可收回金额的估计,应当根据其公允价值减去处置费用后的净额与固定资产预计未来现金流量的现值两者之间较高者确定。在估计固定资产可收回金额时,原则上应当以单项固定资产为基础,如果企业难以对单项固定资产的可收回金额进行估计的,应当以该固定资产所属的资产组为基础确定资产组的可收回金额。当固定资产发生减值时,如果不予以确认,必然会导致资产账面价值的虚增,不能真实地反映资产的实际价值。因此,根据谨慎性原则和真实性原则,企业应当在固定资产存在减值迹象时,估计其可收回金额,然后将所估计的固定资产可收回金额与其账面价值相比较,以确定资产是否发生了减值。对于可收回金额低于账面价值的固定资产,应当计提减值准备,并计入当期损益(资产减值损失)。

企业应当在资产负债表日对固定资产进行检查,若存在下列可能发生减值的迹象,应当估计固定资产的可收回金额。

第一,固定资产市价在当期大幅度下跌,其跌幅明显高于因时间推移或正常使用而预计的下跌,并且预计在近期内不可能恢复。

第二,企业所处经营环境(如技术、市场、经济或法律环境)或者资产所处的市场在当期或者将在近期发生重大变化,从而对企业产生不利影响。

第三,同期市场利率或者其他市场投资报酬率在当期已经大幅度提高,从而影响企业计算固定资产预计未来现金流量现值的折现率,导致固定资产可收回金额大幅度降低。

第四,有证据表明固定资产已经陈旧过时或发生实体损坏等。

第五,固定资产已经或者将被闲置、终止使用或者计划提前处置。

第六,企业内部报告的证据表明固定资产的经济绩效已经低于或者将低于预期,如固定资产所创造的净现金流量或者实现的营业利润远远低于原来的预算或者预计金额。

第七,其他有可能表明资产已发生减值的迹象。

有确凿证据表明固定资产存在减值迹象的,应当在资产负债表日进行减值测试,估计固定资产的可收回金额。如果固定资产的可收回金额低于其账面价值,企业应当按固定资产可收回金额低于其账面价值的差额计提减值准备,借记"资产减值损失—固定资产减值损失"账户,贷记"固定资产减值准备"账户。固定资产减值损失一经确认,在以后会计期间不得转回。

第二节　无形资产

一、无形资产概述

(一)无形资产的特征及确认

无形资产是指企业拥有或者控制的没有实物形态的可辨认非货币性资产。

1.无形资产的特征

(1)不具有实物形态

无形资产一般表现为某种权利、某项技术或者是某种获取超额利润的综合能力,它们不像存货、固定资产等其他资产那样具有实物形态,它们是看不见、摸不着的,如专利权、非专利技术等。无形资产虽然没有实物形态,但是具有价值,它有助于提高企业的经济效益,能使企业获得高于同行业一般水平的盈利能力。不具有实物形态是无形资产区别于其他资产的显著特征,但是,并非所有不具有实物形态的资产都是无形资产,如企业的应收账款和预付账款等也没有实物形态,却不是无形资产。另外,需指出的是,某些无形资产的存在有赖于实物载体,如计算机软件需要存储在磁盘中,但这并没有改变无形资产本身不具有实物形态的特征。

(2)属于非货币性资产

属于非货币性资产,且不是流动资产,是无形资产的又一特征。无形资产由于没有发达的交易市场,一般不容易转化成现金,在持有过程中为企业带来未来经济利益的情况不确定,不属于以固定或可确定的金额收取的资产,属于非货币性资产。

(3)可辨认性

资产符合以下条件之一的,则认为其具有可辨认性。

第一,能够从企业中分离或者划分出来,并能单独用于出售或转让等,而不需要同时处置在同一获利活动中的其他资产,则说明无形资产可以辨认。某些情况下无形资产可能需要与有关的合同、资产或负债一起用于出售、转让、租赁等,这种情况下也视为可辨认无形资产。

第二,产生于合同性权利或其他法定权利,无论这些权利是否可以从企业或其他权利和义务中转移或者分离。

(4)不确定性

无形资产的经济价值在很大程度上受企业外部因素的影响,如相关新技术更新换代速度、利用无形资产所生产产品的市场接受程度等,其预期的获利能力不能准确地加以确定。

2.无形资产的确认

对无形资产进行确认,是计量和记录无形资产的前提。一项资产除了要符合无形资产的定义外,还必须同时满足以下两个条件,才能将其确认为无形资产。

(1)与该无形资产有关的经济利益很可能流入企业

作为无形资产确认的项目,必须具备产生的经济利益很可能流入企业这一条件。例如,企业拥有无形资产的法定所有权,或企业与他人签订了协议,使得企业的相关权利受到法律的保护,这样可以保证无形资产的预计未来经济利益能够流入企业。在会计实务中,要确定无形资产创造的经济利益是否很可能流入企业,需要实施职业判断,即需要企业管理当局对无形资产在预计使用寿命内可能存在的各种因素做出最稳健的估计,在这一点上我国会计准则的规定与国际会计准则是相同的。

(2)该无形资产的成本能够可靠地计量

这是对资产进行确认的一项基本条件。如果无形资产的成本无法可靠地计量,那么其入账价值也就无法确定。例如,企业自创的商誉,以及企业内部产生的品牌、报刊名等,因其成本无法可靠地计量,其入账价值难以确定,因此不能作为企业的无形资产加以确认。

(二)无形资产的分类

1.按其取得的来源不同进行分类

按其取得来源的不同,无形资产可分为购入的无形资产、自行研究开发的无形资产、投资者投入的无形资产、接受捐赠的无形资产、以非货币性资产交换取得的无形资产、债务重组取得的无形资产、政府补助取得的无形资产以及企业合并取得的无形资产等。

这种分类的目的主要是使无形资产的入账价值的确定更加准确和合理。因为不同来源取得的无形资产,其入账价值的构成不同。

2.按其使用寿命是否确定进行分类

按其使用寿命是否确定,无形资产可分为使用寿命有限的无形资产和使用寿命不确定的无形资产。这种分类的目的主要是合理地确定无形资产的摊销额。对于使用寿命有限的无形资产,其应摊销金额应当在使用寿命内系统合理地摊销。对于使用寿命不确定的无形资产则不应摊销。

(三)无形资产的内容

1.专利权

专利权是指国家专利主管机关依法授予发明创造专利申请人,对其发明创造在法定期限内所享有的专有权利,包括发明专利权、实用新型专利权和外观设计专利权。并不是所有的专利都能给持有者带来经济利益,有的专利可能没有经济价值或只具有很小的经济价值;有的专利会被另外更有经济价值的专利淘汰等。因此,企业不应将其所拥有的一切专利权予以资本化,作为无形资产核算。只有那些能够给企业带来较大经济价值,且企业为此花费了支出的专利才能作为无形资产核算。

2.非专利技术

非专利技术,也称专有技术,它是指不为外界所知、在生产经营活动中已采用了的、不享有法律保护的、可以带来经济效益的各种技术和诀窍。

非专利技术一般包括三类:一是工业专有技术,即在生产经营活动中已经采用,仅为少数人所掌握但不享有专利权或发明权的生产、装配、修理、工艺或加工方法等方面的技术知识;二是商业贸易专有技术,即具有保密性质的市场情报、原材料价格情报以及用户、竞争对手的情况和有关知识等;三是管理专有技术,即生产组织的经营方式、管理方法、培训职工方法等方面的保密知识。非专利技术可以用蓝图、配方、技术记录、操作方法的说明等具体资料表现出来,也可以通过向买方派出技术人员进行指导,或接受买方人员进行技术实习等手段来实现。非专利技术一般具有经济性、机密性和动态性等特点。

3.商标权

商标是用来辨认特定的商品或劳务的标记。商标权指专门在某类指定的商品或产品上使用特定的名称或图案的权利。商标权的内容包括独占使用权和禁止使用权两个方面。独占使用权是指商标权享有人在商标注册的范围内独家使用其商标的权利,这种权利是商标权具有独占性的法律表现。禁止使用权是指商标权享有人排除和禁止他人对商标使用权进行侵犯的权利,这种权利是商标具有排他性的法律表现。商标权的价值在于企业拥有信誉卓著的驰名商标,可以为企业带来超额利润,例如,"可口可乐""海尔""麦当劳"等商标权,都是相关行业优质产品的代名词。

商标权以申请注册的时间先后为审批依据,而不以使用时间为审批依据,按照《中华人民共和国商标法》的规定,商标权的有效期限为 10 年,期满可申请延期。

4.著作权

著作权又称版权,是指作者对其创作的文学、科学和艺术作品依法享有的某些特殊权利。著作权包括作品署名权、发表权、修改权和保护作品完整权,还包括复制权、发行权、出租权、展览权、表演权、放映权、广播权、信息网络传播权、摄制权、改编权、翻译权、汇编权以及应当由著作权人享有的其他权利。非经作者和出版商(社)的共同授权,著作或艺术品不得私自翻印或复制。

5.特许权

特许权又称经营特许权、专营权,是指企业在某一地区经营或销售某种特定商品的权利,或是一家企业接受另一家企业使用其商标、商号、技术秘密等的权利。特许权一般有两种形式:一种是由政府机构授权,准许企业使用或在一定地区享有经营某种业务的特权,如公共交通、电力、电信、自来水等专营权,烟草专卖权等;另一种指企业间依照签订的合同,有限期或无限期使用另一家企业的商标、专利、专有技术等的权利,如连锁店分店使用总店的名称等。

6.土地使用权

在我国,土地所有权归国家,任何企业或者个人对土地只有使用权而无所有权。企业取得土地使用权的方式主要有行政划拨取得、外购取得及投资者投资取得。

二、无形资产的初始计量

无形资产应当按成本进行初始计量,即应以取得无形资产并使之达到预定用途而发生的全部支出,作为无形资产的成本(入账价值)。对于不同来源取得的无形资产,其入账价值的构成不同。

(一)购入的无形资产

1.一般无形资产的购入

购入的无形资产,其成本包括购买价款、相关税费以及直接归属于使该项资产达到预定用途所发生的其他支出。其中,其他支出包括使无形资产达到预定用途所发生的专业服务费用、测试无形资产是否能够正常发挥作用的费用等,但是不包括为引入新产品进行宣传发生的广告费、管理费用等,以及无形资产已经达到预定用途以后发生的费用。

购入无形资产的价款超过正常信用条件延期支付价款(如付款期在三年以上),实际上已具有融资性质,此时,无形资产的成本应为各期付款额的现值之和,购买价的现值与应付价款之间的差额作为未确认的融资费用,在付款期内按实际利率法确认为利息费用。

2.土地使用权的购入

企业购入的土地使用权通常应确认为无形资产,其入账价值为取得时所支付的价款及相关税费。土地使用权用于自行开发建造厂房等地上建筑物时,应作为无形资产单独进行核算,而不与地上建筑物合并计算成本,土地使用权与地上建筑物分别进行摊销和提取折旧,但下列情况除外:

(1)房地产开发企业取得的土地使用权用于建造对外出售的房屋建筑物,相关的土地使用权应当计入所建造的房屋建筑物成本。

(2)企业外购的房屋建筑物,如果实际支付的价款中包括土地以及建筑物的价值,则应当对支付的价款按照合理的方法(如公允价值比例)在土地和地上建筑物之间进行分配;如果确实无法在地上建筑物与土地使用权之间合理分配的,应当全都作为固定资产进行核算。

企业改变土地使用权的用途,将其用于出租或增值目的时,应将其转为投资性房地产。

(二)自行研究开发的无形资产

企业自行研究开发的项目,应区分为研究阶段和开发阶段,并分别进行核算。

1.研究阶段和开发阶段

(1)研究阶段

内部研究开发项目的研究阶段是指为获取新的科学或技术知识并理解它们而进行的独创性的有计划调查,研究活动的例子包括:意欲获取知识而进行的活动;研究成果或其他知识的应用研究、评价和最终选择;材料、设备、产品、工序、系统或服务替代品的研究;新的或经改进的材料、设备、产品、工序、系统或服务的可能替代品的配制、设计、评价和最终选择。研究阶段的特点是计划性和探索性。

第一,计划性。研究阶段是建立在有计划的调查基础上的,即研发项目已经董事会或者相关管理层的批准,并着手搜集相关资料、进行市场调查等。例如,某药品公司为研究开发某药品,经董事会或者相关管理层的批准,有计划地搜集相关资料,进行市场调查,比较市场相关药品的药性、效用等。

第二,探索性。研究阶段基本上是探索性的,为进一步的开发活动进行资料及相关方面的准备,这一阶段不会形成阶段性成果。

从研究活动的特点来看,其研究是否能在未来形成成果,即通过开发后是否会形成无形资产,有很大的不确定性,企业也无法证明其研究活动一定能够形成带来未来经济利益的无形资产,因此,研究阶段的有关支出在发生时应当费用化,计入当期损益。

(2)开发阶段

内部研究开发项目的开发阶段是指在进行商业性生产或使用前,将研究成果或其他知识应用于某项计划或设计,以生产出新的或具有实质性改进的材料、装置、产品等。开发活动的例子包括:生产前或使用前的原型和模型的设计、建造和测试;含新技术的工具、夹具、模具和冲模的设计;不具有商业性生产经济规模的试生产设施的设计、建造和运营;新的或经改造的材料、设备、产品、工序、系统或服务所选定的替代品的设计、建造和测试等。开发阶段的特点是具有针对性和形成成果的可能性较大。

第一,具有针对性。开发阶段是建立在研究阶段基础上的,因而,对项目的开发具有针对性。

第二,形成成果的可能性较大。进入开发阶段的研发项目往往形成成果的可能性较大。由于开发阶段相对于研究阶段更进一步,且很大程度上形成一项新产品或新技术的基本条件已经具备,此时如果企业能够证明满足无形资产的定义及相关确认条件,所发生的开发支出可资本化,确认为无形资产的成本。

如果企业确实无法区分研究阶段和开发阶段的支出,应将其所发生的研发支出全部费用化,计入当期损益。

2.开发阶段有关支出资本化的条件

(1)完成该无形资产以使其能够使用或出售在技术上具有可行性。判断无形资产的开发在技术上是否具有可行性,企业应当以目前阶段的成果为基础,并提供相关证据和材料,证明企业进行开发所需的技术条件等已经具备,不存在技术上的障碍或其他不确定性。

(2)具有完成该无形资产并使用或出售的意图。企业开发某项产品或专利技术产品等,当研发项目形成成果以后,是对外出售还是为自己使用并从使用中获得经济利益,应当依管理当局的意图而定。因此,企业的管理当局应能够说明其持有拟开发无形资产的目的,并具有完成该项无形资产开发并使其能够使用或出售的可能性。

(3)无形资产产生经济利益的方式,包括能够证明运用该无形资产所生产的产品存在市场或无形资产自身存在市场,无形资产将在内部使用的,应当证明其有用性。

能为企业带来未来经济利益是确认一项无形资产的基本条件。就无形资产能够为企业带来未来经济利益的方式而言,主要有三种方式:一是如果有关的无形资产在形成以后主要是用于形成新产品或新工艺的,企业应对运用该无形资产所生产的产品市场情况进行估计,应能够证明所生产的产品存在市场,能够带来经济利益的流入;二是如果有关的无形资产开发以后主要是用于对外出售的,则企业应能够证明市场上存在对该类无形资产的需求,开发以后存在外在的市场可以出售并带来经济利益的流入;三是如果无形资产开发以后在企业内部使用的,则企业应能够证明该类无形资产在企业内部使用时对企业的有用性。

(4)有足够的技术、财物和其他资源支持,以完成该无形资产的开发,并有能力使用或出售该无形资产。这主要体现在四个方面。

第一,技术上的支持。必须有确凿证据证明企业继续开发该项无形资产有足够的技术支持和技术能力,这是继续进行开发活动的关键。

第二,财务资源和其他资源支持。这是能够完成该项无形资产开发的经济基础。

第三,能够证明企业在开发过程中所需的技术、财务资源和其他资源,以及企业获得这些资源的相关计划等,如果企业在开发过程中资金不足,是否有银行等金融机构愿意提供贷款的证明等。

第四,有能力使用或出售该无形资产以取得收益。

(5)归属于该无形资产开发阶段的支出能够可靠地计量。企业对于研究开发活动所发生的支出应单独核算。在企业同时从事多项研究开发活动的情况下,如果所发生的支出同时用于支持研究开发活动的,企业应按照一定的标准在各项研究与开发活动之间进行分配,无法明确分配的,应予以费用化,计入当期损益,不计入开发活动的成本。

3.内部开发的无形资产账务处理

我国会计准则规定,企业自行开发无形资产发生的研发支出,未满足资本化条件的,借记"研发支出——费用化支出"账户,满足资本化条件的,借记"研发支出——资本化支出"账户,贷记"原材料""银行存款""应付职工薪酬"等账户。研究开发项目达到预定用途形成无形资产的,应按"研发支出——资本化支出"账户的余额,借记"无形资产"账户,贷记"研发支出——资本化支出"账户。

(三)投资者投入的无形资产

投资者投入的无形资产,其入账价值应当按照投资合同或协议约定的价值确定,但是,在投资合同或协议约定价值不公允的情况下,应当按照无形资产的公允价值入账。无形资产的入账价值与折合资本额之间的差额,作为资本溢价,计入资本公积。

(四)通过非货币性资产交换取得的无形资产

企业通过非货币性资产交换取得的无形资产,如果非货币性资产交换具有商业实质且换入资产或换出资产的公允价值能够可靠计量的,在发生补价的情况下,支付补价方应当以换出资产的公允价值加上支付的补价(即换入无形资产的公允价值)和应支付的相关税费,作为换入无形资产的成本(入账价值);收到补价方应当以换入无形资产的公允价值(或换出资产的公允价值减去补价)和应支付的相关税费,作为换入无形资产的成本。

非货币性资产交换不具有商业实质,或者虽然具有商业实质但换入资产和换出资产的公允价值均不能可靠计量的,应当以换出资产账面价值为基础确定换入资产成本,无论是否支付补价,均不确认损益。涉及补价的,收到补价方应当以换出资产的账面价值减去补价再加上应支付的相关税费作为换入资产的成本;支付补价方应当以换出资产的账面价值加上补价和应支付的相关税费作为换入资产的成本。

(五)通过债务重组取得的无形资产

债务重组是指在债务人发生财务困难的情况下,债权人按照其与债务人达成的协议或者法院的裁定做出让步的事项。我国会计准则规定,企业通过债务重组取得的无形资产,其入账价值应按照无形资产的公允价值加上应支付的相关税费来确定。重组债权的账面价值(账面余额减去已计提的坏账准备)与接受的无形资产的公允价值之间的差额,确认为债务重组损失,计入营业外支出。

(六)通过政府补助取得的无形资产

通过政府补助取得的无形资产成本,应按照公允价值计量;公允价值不能可靠取得的,按照名义金额计量。

三、无形资产的后续计量

无形资产的后续计量,是指对无形资产进行确认和初始计量后,在使用无形资产期间对该项无形资产所进行的计量。

对无形资产的后续计量原则上应以摊余成本计量,即应以成本减去累计摊销额和累计减值损失后的余额计量。使用寿命有限的无形资产,其应摊销金额应在使用寿命内进行系统合理的摊销。使用寿命不确定的无形资产不需要摊销,但至少应于每个会计期间进行减值测试。估计无形资产的使用寿命是确定无形资产的摊销额的前提和基础。

(一)无形资产使用寿命的确定

企业应当于取得无形资产时分析判断其使用寿命。无形资产的使用寿命如为有限的,应当估计该使用寿命的年限或者构成使用寿命的产量等类似计量单位数量;无法预见无形资产为企业带来未来经济利益期限的,应当视为使用寿命不确定的无形资产。

1.估计无形资产使用寿命应考虑的因素

对无形资产使用寿命进行分析和判断时,通常需要考虑的因素有几个方面。

第一,该资产通常的产品寿命周期、可获得的类似资产使用寿命的信息。

第二,技术、工艺等方面的现实情况及对未来发展趋势的估计。

第三,以该资产生产的产品或提供服务的市场需求情况。

第四,现在或潜在的竞争者预期采取的行动。

第五,为维持该资产产生未来经济利益能力的预期维护支出,以及企业预计支付有关支出的能力。

第六,对该资产的控制期限,使用的法律或类似限制,如特许使用期间、租赁期间等。

第七,与企业持有的其他资产使用寿命的关联性等。

2.无形资产使用寿命的确定

第一,源自合同性权利或其他法定权利取得的无形资产,其使用寿命不应超过合同性权利或其他法定权利的期限。

第二,如果合同性权利或其他法定权利能够在到期时因续约等延续,当有证据表明企业续约不需要付出重大成本时,续约期才能够包括在使用寿命的估计中。例如,下列情况下,一般说明企业无须付出重大成本即可延续合同性权利或其他法定权利:有证据表明合同性权利或法定权利将被重新延续,如果在延续之前需要第三方同意,则还需要第三方提交同意的证据;有证据表明为获得重新延续所必需的所有条件将被满足,以及企业为延续持有无形资产付出的成本相对于预期从重新延续中流入企业的未来经济利益相比不具有重要性。如果企业在延续无形资产持有期间付出的成本与预期流入企业的未来经济利益相比具有重要性,则从本质上来看是企业获得了一项新的无形资产。

第三,没有明确的合同或法律规定的无形资产,企业应当综合各方面情况,如相关专家的论证或与同行业比较的情况以及企业的历史经验等,来确定无形资产为企业带来未来经济利益的期限。

第四,对于确实无法合理确定无形资产为企业带来经济利益期限的,应将其作为使用寿命不确定的无形资产。

3.无形资产的使用寿命的复核

企业至少应当于每年年度终了,复核无形资产的使用寿命,如果有证据表明无形资产的使用寿命不同于以前的估计,则应改变其摊销年限,并按照会计估计变更处理。对于使用寿命不确定的无形资产,如果有证据表明无形资产的使用寿命是有限的,应当估计其使用寿命,并且将无形资产的应摊销金额在使用寿命内进行系统合理的摊销。

(二)使用寿命有限的无形资产

使用寿命有限的无形资产,应该在其预计的使用寿命内采用系统合理的方法对应摊销金额进行摊销。其中应摊销金额是指无形资产的成本扣除残值后的金额,已计提减值准备的无形资产,还应扣除已计提的无形资产减值损失累计金额。

1.摊销期和摊销方法

无形资产的摊销期自其可供使用时开始至不再作为无形资产确认时为止,即无形资产摊销的起始与停止日期为:当月增加的无形资产当月开始摊销,当月减少的无形资产当月不再摊销。在无形资产的摊销期(使用寿命)内,企业应根据预期消耗该项无形资产所产生的未来经济利益的方式选择摊销方法,系统合理地分摊其应摊销金额,摊销方法包括直线法、递减余额法、生产总量法等多种方法。目前,国际上普遍采用的主要是直线法。

2.残值的确定

使用寿命有限的无形资产的残值一般为零,但下列两种情况除外。

第一,有第三方承诺在无形资产使用寿命结束时,愿意以一定的价格购买该项无形资产。

第二,存在活跃的市场,通过该市场可以得到无形资产使用寿命结束时的残值信息,并且从目前情况看,在无形资产使用寿命结束时,该市场还可能存在的情况下,可以预计无形资产的残值。

无形资产残值意味着在其经济寿命结束前企业预计将会处置该无形资产,并且从该处置中取得利益。估计无形资产残值应以资产处置时的可收回金额为基础,此时的可收回金额是指在预计出售日,出售一项使用寿命已满且处于类似使用状况下,同类无形资产预计的处置价格(扣除相关税费)。残值确定后,在持有无形资产的期间,至少应于每年年末复核,预计其残值与原估计金额不同的,应按照会计估计变更处理。如果无形资产的残值重新估计后高于其账面价值,无形资产不再摊销,直至残值降至低于账面价值时再恢复摊销。

关于无形资产摊销的会计处理,我国会计准则借鉴了国际会计准则的做法。我国会计准则规定,无形资产的摊销金额一般应计入当期损益,但如果某项无形资产包含的经济利益是通过所生产的产品或其他资产实现的,无形资产的摊销金额可以计入产品或其他资产的成本中,即如果某项无形资产是专门用于生产某种产品的,其所包含的经济利益是通过转入到所生产的产品中体现的,无形资产的摊销费用应构成产品成本的一部分。

企业摊销无形资产时,不直接冲减无形资产的账面价值,而是类似于固定资产折旧的处理,单独设置"累计摊销"这一备抵账户,以反映因摊销而减少的无形资产价值。企业按月计提无形资产摊销额时,借记"管理费用""其他业务成本""生产成本""制造费用"等账户,贷记"累计摊销"账户。"累计摊销"账户期末贷方余额,反映企业无形资产的累计摊销额。

(三)使用寿命不确定的无形资产

根据可获得的情况判断,若有确凿证据表明无法合理估计其使用寿命的无形资产,应作为使用寿命不确定的无形资产。对于使用寿命不确定的无形资产,在持有期间内不需要摊销,但应至少于每个会计期间进行减值测试。

(四)无形资产的减值

企业应当在会计期末判断无形资产是否存在可能发生减值的迹象。若存在减值迹象,则表明无形资产可能发生了减值,应对无形资产的可收回金额进行估计。无形资产的可收回金额是指以下两项金额中较高者。

第一,无形资产的公允价值减去处置费用后的净额。

第二,预计从无形资产的持续使用和使用年限结束时的处置中产生的预计未来现金流量的现值。如果无形资产的账面价值超过其可收回金额,则应按超过部分确认无形资产减值损失,借记"资产减值损失"账户,贷记"无形资产减值准备"账户。

四、无形资产的处置

当无形资产不需用或无法为企业带来未来经济利益时,企业应对无形资产进行处置。无形资产的处置包括出售、对外出租、对外捐赠、对外投资和报废等。

(一)无形资产的出售

无形资产的出售是指将无形资产的所有权转让给他人。企业出售无形资产时,应将出售所得的价款扣除相关税费和该项无形资产账面价值后的差额,确认为当期损益。

企业出售无形资产时,应按实际收到的金额,借记"银行存款"等账户;按应缴纳的税费,贷记"应交税费"账户;按累计摊销额,借记"累计摊销"账户;原已计提减值准备的,借记"无形资产减值准备"账户;按无形资产的账面余额,贷记"无形资产"账户,并按其差额,贷记"营业外收入—处置非流动资产利得"账户或借记"营业外支出—处置非流动资产损失"账户。

(二)无形资产的出租

无形资产的出租是指企业将所拥有的无形资产的使用权让渡给他人,并收取租金,在满足《企业会计准则第14号——收入》规定的确认标准的情况下,应确认相关的收入及成本,并通过"其他业务收入"或"其他业务成本"账户核算。出租无形资产时,企业应按取得的租金收入,借记"银行存款"等账户,贷记"其他业务收入"等账户;摊销出租无形资产的成本并发生与转让有关的各种费用支出时,借记"其他业务成本"账户,贷记"累计摊销"账户。

(三)无形资产的报废

如果无形资产预期不能为企业带来未来经济利益,如无形资产已被其他新技术所替代或超过法律保护期,不能再为企业带来未来经济利益,则不再符合无形资产的定义,应将其报废并予以转销。

无形资产报废时,应按其累计摊销额,借记"累计摊销"账户,原已计提减值准备的,借记"无形资产减值准备"账户,按其账面余额,贷记"无形资产"账户,按其差额,借记"营业外支出"账户。

第六章 存货

第一节 存货确认与初始计量

一、存货的概念及确认

存货,是指企业在日常活动中持有以备出售的产成品或商品、处在生产过程中的在产品、生产过程或提供劳务过程中耗用的材料和物料等。存货具有如下主要特征:

第一,存货通常具有一定的物质实体,是一项有形资产。

第二,存货具有较强的流动性。作为企业流动资产中的一个重要组成部分,存货在企业生产经营过程中,经常处于不断耗用、重置或者销售、重置的循环中,是一项流动性较强的资产。

第三,存货持有的最终目的是出售,不论是直接可供出售,还是需经过进一步加工后才能出售。这一特征是存货区别于其他资产的最本质的特征。例如,企业为建造固定资产等工程项目而储备的各种工程物资,虽然也具有相似于产品生产所需耗用的原材料的物质形态,但企业持有工程物资不是为了出售或制成产品出售,因此不属于存货;再如,机器设备在用于进行生产经营活动的企业中,它作为劳动手段是一项固定资产,而在生产销售这种机器设备的企业中,它则是一项存货。

根据《企业会计准则第1号——存货》的规定,符合存货定义的资产项目,要在资产负债表中作为存货予以确认,还必须同时满足以下两个条件:

第一,该存货包含的经济利益很可能流入企业。

通常,拥有存货的所有权是判断存货包含的经济利益很可能流入企业的一个重要标志。一般情况下,凡是所有权已属于本企业,无论企业是否收到或持有该存货,均应作为本企业的存货进行核算;反之,如果企业已失去或未取得所有权,即使该存货存放在企业,也不能再作为本企业的存货进行核算。

第二,该存货的成本能够可靠地计量。

存货作为企业资产的组成部分,其成本能够可靠地计量必须以取得确凿、可靠的证据为依据,并且具有可验证性。

二、存货的内容

企业所处的行业性质不同,持有的存货也会有所不同。制造业企业以加工或生产产品为主,其存货通常包括以下内容:

(一)原材料

原材料是指企业在生产过程中经加工改变其形态或性质,并构成产品主要实体的各种原料及主要材料、辅助材料、外购半成品(外购件)、修理用备件(备品备件)、包装材料、燃料等。

(二)在产品

在产品是指企业正在制造的尚未完工的产品,包括正在各个生产工序加工的产品和已加工完毕但尚未检验或已检验但尚未办理入库手续的产品。

(三)半成品

半成品是指经过一定生产过程并已检验合格交付半成品仓库保管,但尚未制造完工成为产成品,仍需进一步加工的中间产品。

(四)库存商品

库存商品是指工业企业的产成品和商品流通企业外购或委托加工完成验收入库用于销售的各种商品。其中,产成品是指工业企业已经完成全部生产过程并验收入库,可以按照合同规定的条件送交订货单位或者可以作为商品对外销售的产品。企业接受外来原材料加工制造的代制品和为外单位加工修理的代修品,制造和修理完成验收入库后,应视同本企业的产成品。

(五)周转材料

周转材料是指企业能够多次使用、逐渐转移其价值但仍保持原有形态,且不确认为固定资产的材料,如包装物和低值易耗品。

三、存货的初始计量

存货应当按照成本进行初始计量。存货成本包括采购成本、加工成本和其他成本。

存货的采购成本，包括购买价款、相关税费、运输费、装卸费、保险费以及其他可归属于存货采购成本的费用。

存货的加工成本，包括直接人工及按照一定方法分配的制造费用等。

存货的其他成本，是指除采购成本、加工成本以外的，使存货达到目前场所和状态所发生的其他支出。

企业存货由于取得方式不同，其成本构成也有所不同。具体如下：

(一)外购存货

外购存货的成本即存货的采购成本，包括：

第一，买价，是指购货发票上列明的价款，但不包括按规定可以抵扣的增值税额。

第二，运杂费，是指存货在采购过程中发生的运输费、装卸费、保险费、包装费、仓储费等费用。

第三，运输途中的合理损耗。有些存货，在运输途中会发生一定的短缺和损耗。合理损耗部分应计入存货采购成本；能确定过失人的损失，应向责任单位或过失人索取赔偿，不计入采购成本；因自然灾害等原因发生的损失，减去保险赔偿及可收回材料作价后的净损失，应作为营业外支出处理，不计入存货成本；属于无法收回的其他损失，计入管理费用，也不计入存货成本。

第四，入库前的挑选整理费用，是指存货入库前，在整理挑选过程中发生的人工费、必要损耗等扣除可回收下脚料价值后的费用。

第五，相关税费，是指企业购买存货发生的进口关税、消费税、资源税以及不能抵扣的增值税进项税额等，按规定应计入采购成本的税费。

第六，其他可归属于存货采购成本的费用。

(二)自制存货

自制存货包括自制的原材料、周转材料、在产品和半成品、产成品等。其成本包括制造过程中的直接材料、直接人工和制造费用等各项实际支出。

(三)委托加工存货

企业委托外单位加工的存货,其实际成本包括以下内容:

第一,加工中耗用材料物资等的实际成本。

第二,支付的加工费用。

第三,应负担的往返运杂费等费用。

第四,按规定应计入成本的税费,包括委托外单位加工物资所应负担的不能抵扣的增值税、消费税等。需要缴纳消费税的委托加工物资,由受托方代收代缴的消费税,应分别以下情况处理:委托加工物资收回后直接用于销售的,消费税应计入委托加工物资成本;委托加工物资收回后用于继续加工应税消费品的,消费税应先记入"应交税费——应交消费税"账户的借方,待应税消费品连续生产完工并销售后,按规定可用于抵扣应税消费品销售后所负担的消费税。

(四)接受投资者投入的存货

投资者投入存货的成本应当按照投资合同或协议约定的价值(合同或协议约定的价值不公允的除外)加上企业应负担的相关税费确定。

(五)接受捐赠的存货

如果捐赠方提供了有关发票,按照发票上注明的金额加上支付的相关税费(不包含准予抵扣的进项税额)作为实际成本;如果捐赠方未提供有关发票,则按其市价或同类、类似存货的市场价格的估计金额,加上支付的相关税费(不包含准予抵扣的进项税额)作为实际成本。

(六)盘盈的存货

盘盈的存货应当按照同类或类似存货的市场价格确定其成本。

(七)企业通过债务重组、非货币性资产交换方式取得的存货

企业通过债务重组、非货币性资产交换方式取得的存货应分别按《企业会计准则第 12 号——债务重组》《企业会计准则第 7 号——非货币性资产交换》的有关规定确定其成本。

下列费用不应当计入存货成本,而应当在其发生时计入当期损益:

第一,非正常消耗的直接材料、直接人工和制造费用。

第二,存货采购入库后发生的除为达到下一个生产阶段所必需的仓储费用以外的其他储存费用。

第三,不能归属于使存货达到目前场所和状态的其他支出。

第二节　原材料确认与计量

原材料具体包括原料及主要材料、辅助材料、外购半成品(外购件)、修理用备件(备品备件)、包装材料、燃料等。

原材料的日常收发及结存,可以采用实际成本计价核算,也可以采用计划成本计价核算。

一、原材料按实际成本计价的核算

原材料按实际成本计价核算是指原材料日常收入、发出及结存,无论总分类核算,还是明细分类核算,均采用实际成本计价的一种方法。该方法一般适用于规模较小、原材料品种较少且收发业务不多的企业。

(一)账户设置

原材料按实际成本计价核算需设置"在途物资""原材料"等账户。

1."在途物资"账户

该账户属于资产类账户,用来核算实际成本计价法下企业已经承付货款但尚未验收入库的材料、商品等物资的实际成本。其借方登记企业购入的在途物资的实际采购成本;贷方登记在途物资运抵企业并验收入库的实际成本;期末余额在借方,反映期末企业已经购入但尚未验收入库的在途材料或商品等物资的实际成本。本账户应按供货单位和物资品种设置明细账,进行明细分类核算。

2."原材料"账户

该账户属于资产类账户,用来核算企业库存的各种原料及主要材料、辅助材料、外购半成品(外购件)、修理用备件(备品备件)、包装材料、燃料等的实际成本。其借方登记验收入库材料的实际成本,贷方登记发出材料的实际成本,期末余额在借方,反映期末库存材料的实际成本。该账户可按材料的类别、品种和规格、保管地点等设置明细账,进行明细分类核算。

(二)原材料取得的核算

1.外购原材料

企业购入材料时,由于采购地点和采用的结算方式不同,支付货款与收料可能同时完成,也可能二者在时间上不同步,核算时应当区分不同情况进行处理。

2.接受投资者投入原材料

企业接受投资者投入原材料时,应按投资合同或协议约定的价值(合同或协议约定价值不公允的除外)确定材料实际成本,借记"原材料""应交税费"等账户,贷记"实收资本"(或"股本")等账户。

3.接受捐赠原材料

企业接受捐赠原材料,应按捐赠方提供的发票上注明的金额或按市价或同类、类似存货的市场价格的估计金额,加上支付的相关税费(不包含准予抵扣的进项税额)作为材料的实际成本,借记"原材料""应交税费"等账户,贷记"营业外收入"等账户。

(三)原材料发出的核算

1.存货发出的计价方法

企业应当根据各类存货的实物流转方式、企业管理的要求、存货的性质等实际情况,合理地选择采用先进先出法、月末一次加权平均法、移动加权平均法和个别计价法确定发出存货的成本。

2.发出材料的会计核算

企业发出材料的业务一般较多且频繁,为简化日常核算工作,通常在月末根据实际成本计价的发料凭证(领料单等),按照领料部门和用途,汇总编制"发料凭证汇总表",并据以编制记账凭证,将发出材料成本计入相关资产的成本或当期损益,借记"生产成本""制造费用""管理费用""委托加工物资""在建工程"等账户,贷记"原材料"账户。

二、原材料按计划成本计价的核算

原材料按计划成本计价核算是指原材料日常收入、发出及结存,无论总分类核算,还是明细分类核算,均采用计划成本计价的一种方法。其特点是:收发凭证按材料的计划成本计价,总分类账和明细分类账按计划成本登记。原材料的实际成本与计划成本的差异,通过"材料成本差异"账户核算;月末计算发出材料应分摊的成本差异,并随同本月发出材料的计划成本记入有关账户,将发出存货的计划成本调整为实际成本。该方法一般适用于存货品种较多、收发较频繁的企业。

(一)账户设置

原材料按计划成本计价核算时,需要设置的账户主要有"材料采购""原材料"

"材料成本差异"账户,不再设置"在途物资"账户。

1."材料采购"账户

该账户属资产类账户,用于总括反映企业购入各种材料的采购成本。其借方登记外购材料的实际成本,贷方登记验收入库材料的计划成本,实际成本大于计划成本的超支差异,从本账户结转到"材料成本差异"账户的借方,反之,实际成本小于计划成本的节约差异结转到"材料成本差异"账户的贷方。该账户月末余额在借方,表示已取得但尚未运达企业或未验收入库的在途物资的实际采购成本。本账户可按照供货单位或存货类别设置明细账。

2."原材料"账户

该账户用于核算库存各种材料的收发和结存情况。在材料采用计划成本核算时,其借方登记入库材料的计划成本,贷方登记发出材料的计划成本,期末余额在借方,反映企业库存材料的计划成本。本账户可按照材料的保管地点、类别、品种和规格设置明细账。

3."材料成本差异"账户

该账户用来核算入库存货的实际成本与计划成本的差异。其借方登记采购业务中发生的实际成本大于计划成本的差异额(超支差异),贷方登记实际成本小于计划成本的差异额(节约差异),以及发出存货应分摊的成本差异(超支用蓝字,节约用红字),期末余额表示各类库存存货实际成本与计划成本的差异,借方余额表示超支差异,贷方余额表示节约差异。本账户可分"原材料""周转材料"等,按照存货类别或品种设置明细账。

(二)原材料取得的核算

原材料按计划成本计价核算时,取得的原材料不论是否验收入库,都必须先通过"材料采购"账户核算,验收入库后,再转入"原材料"账户,同时结转材料成本差异至"材料成本差异"账户。

按计划成本进行材料收入的核算,也应根据来源、采用的结算方式等不同情况,分别进行账务处理。

(三)原材料发出的核算

1.结转发出材料的计划成本

月末,根据领料单及单位计划成本,汇总填制"发料凭证汇总表",按领料部门和用途,借记"生产成本""制造费用""管理费用""委托加工物资""在建工程"等账户,贷记"原材料"账户。

2.计算并结转发出材料应负担的材料成本差异

材料成本差异随着材料的入库而形成,同时也随着材料的出库而减少,期初和当期形成的材料成本差异,应当在当期已发出材料和期末结存材料之间进行分配,将发出材料的计划成本调整成实际成本。其计算公式如下:

$$材料成本差异率=\frac{月初结存材料成本差异+本月收入材料成本差异}{月初结存材料计划成本+本月收入材料计划成本}\times100\%$$

本月发出材料应负担的材料成本差异=本月发出材料的计划成本×材料成本差异率

本月发出材料的实际成本=本月发出材料的计划成本+本月发出材料应负担的材料成本差异

月末结存材料应负担的材料成本差异=月末结存材料的计划成本×材料成本差异率

月末结存材料应负担的材料成本差异=(月初结存材料成本差异+月收入材料成本差异)-本月发出材料应负担的材料成本差异

月末结存材料的实际成本=月末结存材料的计划成本+月末结存材料应负担的材料成本差异

第三节　周转材料确认与计量

周转材料是指企业能够多次使用、逐渐转移其价值但仍保持原有形态,且不确认为固定资产的材料,主要包括一般企业的包装物、低值易耗品,以及建筑承包企业的钢模板、木模板、脚手架等。

包装物,是指为了包装本企业商品而储备的各种包装容器,如桶、箱、瓶、坛、袋等,其核算内容包括:

(1)生产过程中用于包装产品作为产品组成部分的包装物;

(2)随同商品出售不单独计价的包装物;

(3)随同商品出售单独计价的包装物;

(4)出租或出借给购货单位使用的包装物。

那些用于储存和保管商品、材料而不对外出售的包装物以及各种包装材料(纸、绳、铁丝、铁皮等)均不属于包装物的核算范围。

低值易耗品，是指不符合固定资产确认条件的各种用具物品，如工具、管理用具、玻璃器皿、劳动保护用品以及在经营过程中周转使用的容器等。其一般划分为一般工具、专用工具、管理用具、劳动保护用品、替换设备、其他用具等。低值易耗品与固定资产一样，同属于劳动资料，但因其具有品种多、价值低、易损耗等特点，企业通常将其视同存货，作为流动资产核算和管理。

周转材料可以采用实际成本计价核算，也可采用计划成本计价核算，其方法与原材料相似。本节主要介绍周转材料采用实际成本计价的核算。

为了核算和监督周转材料的收入、发出和结存情况，企业应设置"周转材料"账户。该账户为资产类账户，借方登记企业库存及在用周转材料的实际成本或计划成本，贷方登记发出周转材料的实际成本或计划成本以及在用周转材料的摊销金额，期末余额在借方，反映企业在库周转材料的实际成本或计划成本，以及在用周转材料的摊余价值。本账户可按周转材料的种类（包装物、低值易耗品），分别"在库""在用""摊销"进行明细核算。

一、周转材料取得的核算

为了反映周转材料增减变动及价值损耗情况，企业应设置"周转材料—包装物"账户和"周转材料—低值易耗品"账户（也可单独设置"包装物"账户和"低值易耗品"账户），并按包装物或低值易耗品的种类设置明细账户进行明细分类核算。

在实际成本计价法下，企业外购、自制或委托外单位加工完成的周转材料的核算与原材料的核算方法基本相同，可以比照原材料核算规定进行账务处理。

二、周转材料发出的核算

企业的周转材料种类繁多，具体用途各不相同。企业应根据周转材料的价值大小、耐用程度、消耗方式，并结合企业管理要求，选择合适的方法，将周转材料的账面价值一次或分次计入有关成本费用。

（一）周转材料的摊销方法

1. 一次转销法

一次转销法是指在领用周转材料时，将其全部价值按用途一次性转入有关成本费用的一种方法，即借记有关成本费用账户，贷记"周转材料"账户。

一次转销法通常适用于生产领用的包装物和随同商品出售的包装物，或价值较低、极易损坏的管理用具和小型工具、卡具,以及在单件小批生产方式下为制造某批订货所用的专用工具等低值易耗品;数量不多、金额较小,且业务不频繁的出租或出借周转材料,也可以采用一次转销法,但在以后收回使用过的出租和出借周转材料时,应加强实物管理,并在备查簿上进行登记。

2.分次摊销法

分次摊销法是指按照估计领用的次数平均分摊周转材料账面价值的一种方法。

采用分次摊销法的周转材料,应设置"在库""在用""出租""出借""摊销"五个明细账户进行明细核算。分次摊销法适用于可供多次使用的周转材料,或数量较多、金额较大,且业务频繁的出租或出借周转材料。

(二)周转材料发出的账务处理

1.生产领用周转材料

对于生产过程中领用的直接用于产品生产的周转材料,因其构成了产品的组成部分,故应将周转材料的实际成本计入产品成本,借记"生产成本"账户,贷记"周转材料"账户;如用于车间一般耗用,应作为间接生产费用,借记"制造费用"账户,贷记"周转材料"账户。

2.随同商品出售包装物

随同商品出售的包装物,有的单独计价,有的不单独计价,应区分情况分别核算。

(1)随同商品出售不单独计价的包装物。随同商品出售不单独计价的包装物,应于包装物发出时,借记"销售费用"账户,贷记"周转材料—包装物"账户。

(2)随同商品出售单独计价的包装物。这类包装物在核算时,一方面需反映销售包装物取得的收入,计入"其他业务收入"等账户;另一方面需结转包装物的实际销售成本,计入"其他业务成本"账户。

3.出租、出借周转材料

(1)出租周转材料的核算。企业出租周转材料时,为督促使用单位安全使用并及时归还,往往会收取一定数额的押金,并于使用单位退回周转材料时退还对方。企业收取押金时,借记"库存现金""银行存款"等账户,贷记"其他应付款"账户;退回押金时编制相反会计分录;对于逾期未退周转材料,按没收的押金,借记"其他应付款"账户,按应交的增值税,贷记"应交税费——应交增值税(销项税额)"账户,按其差额,贷记"其他业务收入"账户。

企业出租周转材料时,按实际收到的租金,借记"银行存款"账户,贷记"其他业务收入""应交税费——应交增值税(销项税额)"账户;按摊销的周转材料价值,借记"其他业务成本"账户,贷方分别按一次转销法或分次摊销法记入"周转材料"或"周转材料——××摊销"账户。

(2)出借周转材料的核算。企业出借周转材料是将周转材料借给客户暂时使用,会收取一定数额的押金,但不收取租金,故无须确认收入。企业出借周转材料时,应将其摊销成本转入"销售费用"账户,采用分次摊销的,需设置"周转材料——出借周转材料"账户,其相关核算可比照出租周转材料进行。

三、周转材料报废的核算

当企业的周转材料不能继续使用时,应将周转材料予以报废。报废时,应将残料出售或变价收入冲减原已计入的成本费用,借记"银行存款""原材料"等账户,贷记"生产成本""制造费用""其他业务成本""销售费用"等账户。采用分次摊销法的周转材料报废时,还需将"摊销"明细账户余额与"在用""出租""出借"明细账的余额对冲转平。

第四节　库存商品确认与计量

一、库存商品按实际成本计价的核算

库存商品是指企业已经完成全部生产过程并验收入库,可以按照合同条件交付订货单位或作为商品对外出售的产品,以及外购或委托加工完成验收入库用于销售的各种商品,包括自制商品、外购商品等。

(一)库存商品入库的核算

企业自制的产品生产完工并验收入库时,应按实际成本,借记"库存商品"账户,贷记"生产成本"账户。

(二)库存商品发出的核算

企业对领用或销售的库存商品,应根据领用的用途或销售方式,分别根据不同情况进行核算。若是企业内部在建工程领用,应借记"在建工程"账户,贷记"库存商品""应交税费——应交增值税（销项税额）"账户；若是直接销售，月份终了，结转当月销售成本时，借记"主营业务成本"账户，贷记"库存商品"账户；若是其他不满足销售收入确认的销售，应在商品发出后，借记"发出商品"账户，贷记"库存商品"账户。

二、库存商品按售价金额核算

在我国商品零售企业（如百货公司、超市等）会计实务中，库存商品的核算广泛采用售价金额核算法。该方法是指平时商品的购入、加工收回、销售均按售价记账，售价与进价的差额通过"商品进销差价"账户核算，期末计算进销差价率和本期已售商品应分摊的进销差价，并据以调整本期销售成本的一种方法。

在售价金额核算法下，为了反映商品的采购成本以及库存商品的收入、发出及结存情况，企业应设置"商品采购""库存商品""商品进销差价"等账户。"商品采购"账户用来核算商品的进价（采购成本），购入商品验收入库时，按商品的售价借记"库存商品"账户，按商品的进价贷记"商品采购"账户，按商品的进销差价，贷记"商品进销差价"账户；企业销售商品，平时可按商品售价结转销售成本，借记"主营业务成本"账户，贷记"库存商品"账户。月份终了，按商品进销差价率计算分摊本月已销商品应分摊的进销差价，借记"商品进销差价"账户，贷记"主营业务成本"账户。进销差价率的计算公式如下：

$$进销差价率 = \frac{月初库存商品进销差价 + 本月入库商品进销差价}{月初库存商品售价 + 本月入库商品售价} \times 100\%$$

本期已销商品应分摊的进销差价 = 本期商品销售收入 × 进销差价率

第五节　存货的期末计量

一、存货清查的核算

（一）存货盘存制度

存货清查是指通过对存货的实地盘点，确定存货的实有数量，并与其账面结存数核对，以确定存货的实存数与账存数是否相符的一种专门方法。

存货清查的重要环节是盘点存货的实存数量。为了使盘点工作顺利进行，应建立一定的存货盘存制度。一般来说,存货的盘存制度有两种:永续盘存制和实地盘存制。

1.永续盘存制

永续盘存制也称账面盘存制,是指通过设置各种存货明细账,对存货的收入与发出逐笔或逐日连续登记,并随时结出账面结存数的方法。采用这种方法时,存货明细账应按每一种存货品名、规格等设置,在明细账中,平时要登记各项存货的增加数、减少数,并随时结出账面余额。

在永续盘存制下,账面余额的结出是根据以下公式进行的:

账面期末余额＝账面期初余额＋本期增加额－本期减少额

永续盘存制要求对存货的管理有严格的进出手续,它的优点是:便于加强会计监督,便于随时掌握存货的占用情况及其动态,有利于加强对存货的管理;另外,在这种制度下,还可以将明细账上的结存数与预定的最高和最低库存限额进行比较,以便取得库存不足或积压的详细资料,及时组织库存存货的购销或处理,加速资金周转。其不足之处在于:账簿记录的存货增减变动及结存情况都是根据有关会计凭证登记的,可能发生账实不符的情况,且登记明细账的工作量较大。

2.实地盘存制

实地盘存制是指通过设置各种存货明细账,平时在明细账上只登记收入数量,不登记发出数量,期末根据实际盘点数量来确定存货账存数,并据以登记入账的一种方法。

实地盘存制下,各项财产物资的减少数按以下公式确定:

本期减少数＝期初账面余额＋本期增加数－期末实际结存数

实地盘存制的最大优点是:以期末实际盘点数作为账存数倒挤出本期减少(发出)数并登记有关账簿,不会出现账实不符的情况,也可以简化会计核算工作。但也正是由于企业各项财产物资的减少是根据实际盘点出的期末数倒挤出来的,财产物资的出库没有严格的手续,除了正常耗用外,可能还有非正常的损失或丢失,因此,其缺点也十分明显:①在这种方法下,账存数实际上就是实存数,二者之间无法进行控制与核对;②这种清查制度不能随时反映库存存货的收入、发出与结存的动态情况;③由于以存计耗或以存计销,倒算耗用成本或销售成本,易将非正常耗用(销售)的存货损耗全部计入正常耗用(销售)成本中,从而削弱了对存货的控制作用,影响了成本计算的正确性。

(二)存货盘盈及盘亏的核算

企业存货种类繁多,收发频繁,日常收发过程中计量计算错误、自然升溢或损耗时有发生,还可能因管理不善、自然灾害等原因发生变质毁损、贪污盗窃等情况,造成存货盘盈、盘亏,企业应填写"存货盘点报告单",及时查明原因,按规定的程序报批处理。

为了核算和监督存货盘盈、盘亏的发生及处理情况,会计上应设置"待处理财产损溢"账户。本账户借方反映资产盘亏、毁损或按照规定程序批准转销的盘盈数额,贷方反映资产的盘盈和按照规定转销的盘亏数额,期末余额若在借方,表示尚未处理的资产的净损失,若在贷方,表示尚未处理的资产的净溢余。该账户的明细账户有"待处理流动资产损溢""待处理固定资产损溢"。

(三)存货盘盈、盘亏核算的账务处理

1.审批之前的处理

财产清查结束后,企业根据"存货盘点报告单"或"存货清查报告表"等已经查实的数据资料,编制记账凭证,记入有关账簿,使账簿记录与实际盘存数相符。

存货盘盈:

借:原材料、库存商品等

　　贷:待处理财产损溢——待处理流动资产损溢

存货盘亏、毁损:

借:待处理财产损溢——待处理流动资产损溢

　　贷:原材料、库存商品等

2.审批之后的处理

查明存货盘盈、盘亏的原因后,应按规定的管理权限报经批准,根据管理机构的意见进行处理。

(1)盘盈的存货一般冲减管理费用,即

借:待处理财产损溢——待处理流动资产损溢

　　贷:管理费用

(2)盘亏毁损的存货,根据造成存货盘亏或毁损的原因,分以下情况进行处理:

第一,属于收发计量差错和管理不善等原因造成的存货短缺,应先扣除残料价值、可以收回的保险赔偿和过失人赔偿,将净损失计入管理费用。

第二,属于自然灾害等非常原因造成的存货毁损,应先扣除处置收入(如残料价值)、可以收回的保险赔偿和过失人赔偿,将净损失计入营业外支出。

借:管理费用

其他应收款

营业外支出

　　贷:待处理财产损溢—待处理流动资产损溢

涉及增值税的,还应贷记"应交税费—应交增值税(进项税额转出)"账户。

二、期末存货的计价核算

存货的期末计价,是指期末存货在资产负债表上应列示金额的确定。按照企业会计准则的规定,期末存货应采用成本与可变现净值孰低法计量确定。

(一)成本与可变现净值孰低法的理论基础及含义

成本与可变现净值孰低法是指对期末存货按照成本与可变现净值两者之中较低者进行计价的方法。当存货成本低于可变现净值时,存货按成本计量;当存货成本高于可变现净值时,存货按可变现净值计量,同时按照成本高于可变现净值的差额计提存货跌价准备,计入当期损益。此处的"成本"是指存货的历史成本(实际成本)。"可变现净值"是指在日常活动中,存货的估计售价减去至完工估计将要发生的成本、估计的销售费用以及相关税费后的金额。其计算公式如下:

可变现净值＝存货估计售价－至完工估计将要发生的成本－估计的销售费用及相关税费后的金额

成本与可变现净值孰低计量的理论基础主要是使存货符合资产的定义。当存货的可变现净值下跌至成本以下时,表明该存货给企业带来的未来经济利益低于其账面成本,因而应将这部分损失从资产价值中扣除,计入当期损益。否则,当存货的可变现净值低于成本时,如果仍然以其成本计量,就会出现虚计资产的现象。

(二)可变现净值的确定

企业在确定存货的可变现净值时,应当以取得的确凿证据为基础,并考虑持有存货的目的、资产负债表日后事项的影响等因素。

第一,直接用于销售的存货,包括外售的库存商品、外售的材料等。

可变现净值＝存货预计售价－预计的销售过程中的相关税费

第二,用于需继续加工的存货,包括用于生产的材料、半成品、周转材料等。

可变现净值＝存货估计售价－至完工估计将要发生的成本－估计的销售费用及相关税费后的金额

第三,如果属于按订单生产,则应按协议价而不是按估计售价确定可变现净值。

可变现净值＝存货协议价－至完工估计将要发生的成本－估计的销售过程中的相关税费

(三)存货跌价准备的核算

1.账户设置

为核算和监督存货跌价准备的计提、转回等情况,企业应设置"存货跌价准备"账户。本账户属于资产类账户,是存货各项目的备抵账户,用来核算企业计提的存货跌价准备。其贷方登记企业会计中期期末或年末计提的存货跌价准备,借方登记存货跌价准备的转回数及结转金额,其余额在贷方,反映企业累计计提的存货跌价准备。本账户可按存货项目或类别进行明细核算。

2.存货跌价准备的计提

资产负债表日,存货的成本高于可变现净值,企业应当计提存货跌价准备。存货跌价准备通常应当按单个存货项目计提,但是对于数量繁多、单价较低的存货,可以按照存货类别计提跌价准备。与在同一地区生产和销售的产品系列相关、具有相同或类似最终用途或目的,且难以与其他项目分开计量的存货,可以合并计提存货跌价准备。

(1)单项计提存货跌价准备

企业通常应当按照单个存货项目计提存货跌价准备。在这种方式下,企业应当将每个存货项目的成本与其可变现净值逐一进行比较,按较低者计量存货,并按成本高于可变现净值的差额计提存货跌价准备。这就要求企业应当根据管理要求和存货的特点,明确规定存货项目的确定标准。比如,将某一型号和规格的材料作为一个存货项目、将某一品牌和规格的商品作为一个存货项目等。

(2)分类计提存货跌价准备

对于数量繁多、单价较低的存货,可以按照存货类别计提存货跌价准备,即按存货类别的成本总额与可变现净值总额进行比较,每个存货类别均取较低者确定存货期末价值。

(3)合并计提存货跌价准备

存货具有相同或类似最终用途或目的,并在同一地区生产和销售,意味着存货所处的经济环境、法律环境、市场环境等相同,具有相同的风险和报酬。在这种情况下,可以对该存货合并计提存货跌价准备。

在资产负债表日,企业应比较存货成本与可变现净值。当成本低于可变现净值时,不需要进行账务处理,资产负债表中的存货按期末账面价值列示。当可变现净值低于成本时,计算出应计提的存货跌价准备,再与"存货跌价准备"账户的贷方余额进行比较,如应计提数额大于贷方余额,应就差额予以补提;如应计提数额小于贷方余额,应就差额予以转销。企业计提的存货跌价准备,应计入当期损益,借记"资产减值损失"账户,贷记"存货跌价准备"账户。

3.存货跌价准备的转回

当以前减记存货价值的影响因素消失,存货价值得到一定的恢复,使得当期可变现净值低于成本的差额小于"存货跌价准备"贷方余额时,减记的金额应当在原已计提的存货跌价准备金额内(以"存货跌价准备"账户余额冲减至零为限)转回,转回的金额冲减当期损益,即借记"存货跌价准备"账户,贷记"资产减值损失"账户。

第七章 负债与所有者权益

第一节 负债

一、流动负债

(一)短期借款

1.短期借款的含义

短期借款是指企业向银行或其他金融机构等借入的期限在 1 年以下(含 1 年)的各种借款。短期借款一般是企业为维持正常的生产经营所需的资金而借入的或者为抵偿某项债务而借入的款项。

2.短期借款的利息结算方式

短期借款的利息结算方式分为按月支付、按季支付、按半年支付和到期一次还本付息方式。如果企业的短期借款利息按月支付,或者利息是在借款到期归还本金时一并支付且数额不大的,可以在实际支付或收到银行的计息通知时,直接计入当期损益。

如果短期借款的利息按期支付(如按季),或者利息是在借款到期归还本金时一并支付且数额较大的,为了正确计算各期的盈亏,应采用预提的办法,先按月预提,计入当期损益,到期再进行支付。

3.短期借款的核算

为了总括反映短期借款的借入、归还和结余情况,企业应设置"短期借款"科目。该科目应按债权人户名和借款种类进行明细核算。企业借入各种短期借款时,应借记"银行存款"科目,贷记"短期借款"科目;归还短期借款时,借记"短期借款"科目,贷记"银行存款"科目。

企业短期借款利息的支出,一般应作为财务费用。在实际工作中,银行一般于每季末收取短期借款利息,为此,企业对于短期借款的利息一般采用按月预提的方式进行核算,即各月末应借记"财务费用"科目,贷记"应付利息"科目;支付利息时,再借记"应付利息"科目,贷记"银行存款"科目。对于季末月份的短期借款利息,也可以直接借记"财务费用"科目,贷记"银行存款"科目,而不再进行预提。

(二)应付账款

应付账款,是指因购买原材料、商品,或接受劳务供应等而发生的应付但未付的款项。应付账款的发生,本质上是因为购入货物时间与实际付款时间不一致而享有的延期付款,是一种商业信用,是应付账款方承担的一种短期负债。企业因购买原材料、商品或接受劳务供应等而发生的应付但尚未支付的款项,通过"应付账款"账户进行核算。应付账款核算企业因购买材料、商品和接受劳务供应等而应付给供应单位的款项。

1.应付账款入账时间的确定

应付账款的确认时间,是以权责发生制为基础进行确认的,即以所购买物资所有权有关的风险和报酬已经转移或劳务已经接受为标志进行确认。在实务工作中,一般是以货物已验收入库、发票到达之后才据以登记入账,以避免因先入账而在验收入库时发现购入物资质量不合格要求退货、换货等问题所带来的调账行为。需要特别说明的是,若恰逢结账日,即使货物尚未验收入库、发票尚未收到,企业也应对该笔购买行为暂估入账,日后再行调整。

2.应付账款入账金额的确定

应付账款的核算方法,有总价法和净价法两种。所谓总价法,是指企业在确认应付账款入账金额时,假定不会享受现金折扣,按照全部价款计入应付账款账户的一种方法。在总价法下,若获得现金折扣,则冲减财务费用。所谓净价法,是指企业在确认应付账款入账金额时,假定付款方一定会享受现金折扣,按照应付账款总价扣除现金折扣以后的净额入账的一种方法。在净价法下,若未能享受到现金折扣,则支付的现金折扣计入财务费用。

(三)应付票据

应付票据是由出票人出票,委托付款人在指定日期无条件支付特定的金额给收款人或者持票人的票据。企业通过"应付票据"科目核算相关会计业务。企业开出、承兑商业汇票或以承兑汇票抵付货款时,借记"原材料""应交税费""应付账款"等科目,贷记"应付票据"科目;汇票到期付款时,借记"应付票据"科目,贷记

"银行存款"科目;如为带息票据到期付款时,借记"应付票据""财务费用"科目,贷记"银行存款"科目。对于带息商业汇票利息费用处理有两种方法,一是按月计提,到期支付,每月月末计提时,借记"财务费用"科目,贷记"应付利息"科目,到期支付时,借记"应付利息"科目,贷记"银行存款"科目;二是到期计提,在商业汇票到期日一次计算确认其全部利息费用,并据以借记"财务费用"科目,贷记"银行存款"科目。

这种应付的商业票据按承兑人的不同可划分为两种:一种是商业承兑汇票,另一种是银行承兑汇票。应付票据若按是否带息,可分为带息应付票据和不带息应付票据两种。以下将分情况介绍其会计处理。

1.带息应付票据的处理

对于带息应付票据,通常的做法是在每个计息期末,对尚未支付的应付票据计提利息,计入当期的财务费用。当票据到期支付票款时,尚未计提的利息部分直接计入当期财务费用,举例介绍如下:

【例7-1】远洋公司20×5年10月1日向东方公司赊购商品一批,价值300000元,远洋公司开出商业汇票一张,期限3个月,票面利率为10%。该商品已验收入库。为论述方便,假设暂不考虑增值税。会计处理如下。

①20×5年10月1日向东方公司赊购商品时的会计处理:

借:库存商品 300000

　　贷:应付票据 300000

②20×5年10月31日计提利息的会计处理:

应计提的10月份的利息为:

$300000×10\%÷12=2500$

借:财务费用

　　贷:应付利息

③20×5年11月30日计提利息的会计处理同上。

④20×5年12月31日应付票据到期时的会计处理:

借:应付票据

财务费用

应付利息

　　贷:银行存款

2.不带息应付票据的处理

不带息应付票据,其到期应付金额就是应付票据的面值,只是应付的商业票据是不带息的商业票据。

【例 7—2】承**【例 7—1】**①20×5 年 10 月 1 日向东方公司赊购商品时的会计处理：

借：库存商品

　　贷：应付票据

②20×5 年 12 月 31 日应付票据到期时的会计处理：

借：应付票据

　　贷：银行存款

有如下两点需要说明：

(1)企业开出并需承兑的商业承兑汇票,若在到期时不能支付的,应先将其转到"应付账款"账户中,之后再做进一步处理。借记"应付票据",贷记"应付账款"。

(2)对于银行承兑汇票而言,若企业无力支付到期票款时,承兑银行要无条件地支付票款给持票人;企业根据银行转来的"××号汇票无款支付转入逾期贷款户"通知凭证,将应付票据转入到"短期借款"账户,借记"应付票据",贷记"短期借款"。

(四)预收账款

预收账款是指企业根据双方协议,在向购货单位交付商品前预先向购货单位收取货款而形成的一种流动负债。在预收账款业务较多的企业,可专设"预收账款"账户进行核算,预收时借记"银行存款"科目,贷记"预收账款"科目;提供商品时借记"预收账款"科目,贷记"主营业务收入"科目。如果企业的预收账款业务不多,可不设"预收账款"账户,而将预收账款业务记入"应收账款"账户的贷方。但是,在期末编制资产负债表时,应将这部分预收账款从应收账款中分离出来,列示在流动负债项目下的预收账款项目中。

【例 7—3】远洋公司(一般纳税人)接受一批订货合同,按照合同规定,货款总额为 100000 元,交货期限为 3 个月。订货时预付货款总额的 60%,余款在交货时付清。增值税税率为 17%,增值税于结清货款时支付。应编制会计分录如下：

①公司收到对方预付的货款时：

借：银行存款

　　贷：预收账款

600000

600000

②交货时：

借：预收账款

    贷：主营业务收入

③收到对方补付的货款及增值税额时：

借：银行存款

    贷：预收账款

(五)应付利息

应付利息是指企业按照合同约定应支付的利息，包括吸收存款、分期付息到期还本的长期借款、企业债券等应支付的利息。

资产负债表日，应按摊余成本和实际利率计算确定的利息费用，借记"在建工程""财务费用"等科目，按合同利率计算确定的应付未付利息，贷记"应付利息"，按借贷双方之间的差额，借记或贷记"长期借款"等科目。

合同利率与实际利率差异较小的，也可以采用合同利率计算确定利息费用。实际支付利息时，借记"应付利息"科目，贷记"银行存款"等科目。

本科目期末贷方余额，反映企业应付未付的利息。

(六)应付职工薪酬

1.职工薪酬的含义及内容

职工薪酬，是指企业为获得职工提供的服务或解除劳动关系而给予职工的各种形式的报酬或补偿。职工薪酬包括短期薪酬、离职后福利、辞退福利和其他长期职工福利。企业提供给职工配偶、子女、受赡养人、已故员工遗属及其他受益人等的福利，也属于职工福利。

这里所称的"职工"，主要包括三类人员：一是与企业订立劳动合同的所有人员，含全职、兼职和临时职工；二是未与企业订立劳动合同，但由企业正式任命的企业治理层和管理层人员，如董事会成员、监事会成员等；三是在企业的计划和控制下，虽未与企业订立劳动合同或未由其正式任命，但向企业所提供服务与职工所提供服务类似的人员，也属于职工的范畴，包括通过企业与劳务中介公司签订用工合同而向企业提供服务的人员。

职工薪酬主要包括如下内容：

(1)短期薪酬是指企业在职工提供相关服务的年度报告期间结束后 12 个月内需要全部予以支付的职工薪酬，因解除与职工的劳动关系给予职工的补偿除外。短期薪酬具体包括：

第一，职工工资、奖金、津贴和补贴，是指按照国家统计局《关于职工工资总额组成的规定》，构成工资总额的计时工资、计件工资、支付给职工的超额劳动报酬和增收节支的劳动报酬、为了补偿职工特殊或额外的劳动消耗和因其他特殊原则支付给职工的津贴，以及为了保证职工工资水平不受物价影响支付给职工的物价补贴等。企业按规定支付给职工的加班加点工资，根据国家法律、法规和政策规定，企业在职工因病、工伤、产假、计划生育假、婚丧假、事假、探亲假、定期休假、停工学习、执行国家或社会义务等特殊情况下，按照计时工资或计件工资标准的一定比例支付的工资，也属于职工工资范畴，在职工休假时，不应当从工资总额中扣除。

第二，职工福利费，是指企业向职工提供的生活困难补助、丧葬补助费、抚恤费、职工异地安家费、防暑降温费等职工福利支出。

第三，医疗保险费、养老保险费、失业保险费、工伤保险费和生育保险费等社会保险费，是指企业按照国家规定的基准和比例计算，向社会保险经办机构缴纳的医疗保险费、基本养老保险费、失业保险费、工伤保险费和生育保险费，以及根据《企业年金试行办法》《企业年金基金管理试行办法》等相关规定，向有关单位（企业年金基金账户管理人）缴纳的补充养老保险费。此外，以商业保险形式提供给职工的各种保险待遇也属于企业提供的职工薪酬。

第四，住房公积金，是指企业按照国务院《住房公积金管理条例》规定的基准和比例计算，向住房公积金管理机构缴存的住房公积金。

第五，工会经费和职工教育经费，是指企业为了改善职工文化生活、提高职工业务素质，用于开展工会活动和职工教育及职业技能培训，根据国家规定的基准和比例，从成本费用中提取的金额。

第六，短期带薪缺勤，是指职工虽然缺勤但企业仍向其支付报酬的安排，包括年休假、病假、婚假、产假、丧假、探亲假等。长期带薪缺勤属于其他长期职工福利。

第七，短期利润分享计划，是指因职工提供服务而与职工达成的基于利润或其他经营成果提供薪酬的协议。长期利润分享计划属于其他长期职工福利。

第八，其他短期薪酬，是指除上述薪酬以外的其他为获得职工提供的服务而给予职工的短期薪酬。

（2）离职后福利，是指企业为获得职工提供的服务而在职工退休或与企业解除劳动关系后，给予其提供的各种形式的报酬和福利，短期薪酬和辞退福利除外。企业应当将离职后福利计划分类为设定提存计划和设定受益计划。离职后福利计划,是指企业与职工就离职后福利达成的协议,或者企业为向职工提供离职后福利制定的规章或办法等。其中,设定提存计划,是指向独立的基金缴存固定费用后,企业不再承担进一步支付义务的离职后福利计划;设定受益计划,是指除设定提存计划以外的离职后福利计划。

(3)辞退福利,是指企业在职工劳动合同到期之间解除与职工的劳动关系,或者为鼓励职工自愿接受裁减而给予职工的补偿。

(4)其他长期职工福利,是指除短期薪酬、离职后福利、辞退福利之外所有的职工薪酬,包括长期带薪缺勤、长期残疾福利、长期利润分享计划等。

2.职工薪酬的核算

企业应当设置"应付职工薪酬"科目,核算应付职工薪酬的提取、结算、使用等情况。该科目的贷方登记已分配计入有关成本费用项目的职工薪酬的数额,借方登记实际发放职工薪酬的数额,包括扣还的款项等,该科目期末贷方余额,反映企业应付未付的职工薪酬。"应付职工薪酬"科目应当按照"工资""职工福利""社会保险费""住房公积金""工会经费""职工教育经费""非货币性福利""带薪缺勤""利润分享计划""设定提存计划""设定受益计划""辞退福利"等职工薪酬项目设置明细科目,进行明细核算。

企业应当在职工为其提供服务的会计期间,将实际发生的短期薪酬确认为负债,并计入当期损益,其他会计准则要求或允许计入资产的成本除外。

(1)货币性职工薪酬。在职工为其提供服务的会计期间,将实际发生的短期薪酬确认为负债,并计入当期损益,其他会计准则要求或允许计入资产的成本除外。

对于职工工资、奖金、津贴和补贴等货币性职工薪酬,企业应当在职工为其提供服务的会计期间,将实际发生的职工工资、奖金、津贴和补贴等,根据职工提供服务的受益对象,将应确认的职工薪酬,借记"生产成本""制造费用""劳务成本"等科目,贷记"应付职工薪酬——工资、奖金、津贴和补贴"科目。

【例7—4】 远洋公司 20×5 年 10 月应付职工薪酬总额 462000 元,其中,产品生产人员工资为 320000 元,生产部门管理人员工资为 70000 元,公司行政管理人员工资为 60400 元,销售人员工资 11600 元。远洋公司的会计分录如下:

借:生产成本——基本生产成本 320000

制造费用 70000

管理费用 60400

销售费用 11600

　　贷:应付职工薪酬——工资、奖金、津贴和补贴 462000

企业在计量应付职工薪酬时,应当注意国家是否有相关的明确计提标准加以区别处理。一般而言,企业应向社会保险经办机构(或企业年金基金账户管理人)缴纳的医疗保险费、养老保险费、失业保险费、工伤保险费、生育保险费等社会保险费,应向住房公积金管理中心缴存的住房公积金,以及应向工会部门缴纳的工会经费等,国家(或企业年金计划)统一规定了计提基础和计提比例,应当按照国家规定的标准计提;而职工福利费等职工薪酬,国家(或企业年金计划)没有明确规定计提基础和计提比例,企业应当根据历史经验数据和实际情况,合理预计当期应付职工薪酬。当期实际发生金额大于预计金额时,应当补提应付职工薪酬;当期实际发生金额小于预计金额时,应当冲回多提的应付职工薪酬。

【例7—5】远洋公司下设一所职工食堂,每月根据在岗职工数量及岗位分布情况、相关历史经验数据等计算需要补贴食堂的金额,从而确定企业每期因职工食堂而需要承担的福利费金额。20×5年10月,公司在岗职工共计100人,其中管理部门20人,生产车间80人,公司的历史经验数据表明,每个职工每月需补贴食堂120元。该公司有关会计分录如下:

　　借:制造费用 9600

管理费用 2400

　　贷:应付职工薪酬——职工福利 12000

(2)非货币性职工薪酬

企业向职工发放非货币性职工薪酬时,应区分情况以做不同的处理。

第一,以自产的产品或外购的商品发放给职工作为福利的,则自产的产品要视同销售处理,按照该产品的公允价值和相关税费计量,应计入相关资产成本或当期损益,同时确认应付职工薪酬;而外购商品按照该商品的公允价值和相关税费计量,应计入成本费用,同时确认应付职工薪酬。

第二,将企业拥有的房屋等资产无偿提供给职工使用的,应当根据受益对象,将该住房每期应计提的折旧计入相关资产成本或当期损益,同时确认应付职工薪酬,借记"管理费用""生产成本""制造费用"等科目,贷记"应付职工薪酬——非货币性福利"科目,并且同时借记"应付职工薪酬——非货币性福利"科目,贷记"累计折旧"科目。

第三,租赁住房等资产供职工无偿使用的,应当根据受益对象,将每期应付的租金计入相关资产成本或当期损益,并确认应付职工薪酬,借记"管理费用""生产成本""制造费用"等科目,贷记"应付职工薪酬——非货币性福利"科目。

3.职工薪酬的发放

(1)支付职工工资、奖金、津贴和补贴。企业按照有关规定向职工支付工资、奖金、津贴等,借记"应付职工薪酬——工资"科目,贷记"银行存款""库存现金"等科目;企业从应付职工薪酬中扣还的各种款项(代垫的家属药费、个人所得税等),借记"应付职工薪酬"科目,贷记"银行存款""库存现金""其他应收款""应交税费——应交个人所得税"等科目。

【例7—6】远洋公司根据"工资结算汇总表"结算本月应付职工工资总额462000元,其中代扣职工房租40000元,企业代垫职工家属医药费2000元,实发工资420000元。该公司有关会计分录如下:

①向银行提取现金:

借:库存现金 420000

　　贷:银行存款 420000

②发放工资,支付现金:

借:应付职工薪酬——工资 420000

　　贷:库存现金 420000

(2)支付职工福利费用。企业向职工食堂、职工医院、生活困难职工等支付职工福利费时,借记"应付职工薪酬——职工福利"科目,贷记"银行存款""库存现金"等科目。

【例7—7】20×5年10月,远洋公司以现金支付职工张某生活困难补助800元。远洋公司有关会计分录如下:

借:应付职工薪酬——职工福利 800

　　贷:库存现金 800

【例7—8】承**【例7—5】**20×5年11月,远洋公司支付12000元补贴给食堂。远洋公司有关会计分录如下:

借:应付职工薪酬——职工福利 12000

　　贷:库存现金 12000

(3)支付工会经费、职工教育经费和缴纳社会保险费、住房公积金。企业支付工会经费和职工教育经费用于工会运作和职工培训,或按照国家有关规定缴纳社会保险费或住房公积金时,借记"应付职工薪酬——工会经费(或职工教育经费、社会保险费或住房公积金)"科目,贷记"银行存款""库存现金"等科目。

【例7－9】远洋公司以银行存款缴纳参加职工医疗保险的医疗保险费40000元,远洋公司的有关会计分录如下:

借:应付职工薪酬——社会保险费40000

　　贷:银行存款40000

(4)发放非货币性福利。企业以自产产品作为职工薪酬发放给职工时,应确认主营业务收入,借记"应付职工薪酬——非货币性福利"科目,贷记"主营业务收入"科目,同时结转相关成本,涉及增值税销项税额的,还应进行相应的处理。

企业支付租赁住房等资产供职工无偿使用所发生的租金,借记"应付职工薪酬—非货币性福利"科目,贷记"银行存款"科目。

(七)应交税费

企业在一定期间获得的收入、实现的利润或因为特定的经营行为,要按照相关规定向国家缴纳税金。当企业按规定计算并确定应当缴纳的税金但尚未上缴之前,就形成了企业的一项负债。以下将按税金项目分别介绍。

企业根据税法规定应交纳的各种税费包括:增值税、消费税、城市维护建设税、资源税、企业所得税、土地增值税、房产税、车船税、土地使用税、教育费附加、矿产资源补偿费、印花税、耕地占用税等。

企业应通过"应交税费"科目,总括反映各种税费的应交、应纳等情况。该科目贷方登记应交纳的各种税费等,借方登记实际交纳的税费,期末余额一般在贷方,反映企业尚未交纳的税费,期末余额如在借方,反映企业多交或尚未抵扣的税费。本科目应按应交的税费项目设置明细科目,进行明细核算。

企业代扣代交的个人所得税等,也通过"应交税费"科目核算,而企业交纳的印花税、耕地占用税等不需要预计应交的税金,不通过"应交税费"科目核算。

(八)应付股利及其他应付款

1.应付股利

应付股利是指企业根据股东大会或类似机构审议批准的利润分配方案,确定分配给投资者的现金股利或利润。企业通过"应付股利"科目,核算企业确定或宣告支付但尚未实际支付的现金股利或利润。该科目贷方登记应支付的现金股利或利润,借方登记实际支付的现金股利或利润,期末贷方余额反映企业应付未付的现金股利或利润。本科目应按照投资者设置明细科目进行明细核算。企业根据股东大会或类似机构审议批准的利润分配方案,确认应付给投资者的现金股利或利润时,借记"利润分配——应付现金股利或利润"科目,贷记"应付股利"科目;

向投资者实际支付现金股利或利润时,借记"应付股利"科目,贷记"银行存款"等科目。

2. 其他应付款

其他应付款是指企业除应付票据、应付账款、预收账款、应付职工薪酬、应交税费、应付股利等经营活动以外的其他各项应付、暂收的款项,如应付经营租赁固定资产租金、租入包装物租金、存入保证金等,企业应通过"其他应付款"科目核算;支付或退回其他各种应付、暂收款项时,借记"其他应付款"科目,贷记"银行存款"等科目。

二、非流动负债

(一)长期借款

1. 长期借款概述

长期借款是指企业向银行或其他金融机构借入的期限在 1 年以上(不含 1 年)的各项借款。就长期借款的用途来讲,企业一般用于固定资产的购建、改扩建工程、大修理工程、对外投资以及为了保持长期经营能力等方面的需要。与短期借款相比,长期借款除数额大、偿还期限较长外,其借款费用需要根据权责发生制的要求,按期预提计入所构建资产的成本或直接计入当期财务费用。由于长期借款的期限较长,至少是在 1 年以上,因此,在资产负债表非流动负债项目中列示。由于长期借款的使用关系到企业的生产经营规模和效益,因此,必须加强管理与核算。企业除了要遵守有关的贷款规定、编制借款计划并要有不同形式的担保,还应监督借款的使用、按期支付长期借款的利息以及按规定的期限归还借款本金等。因此,长期借款会计处理的基本要求是反映和监督长期借款的借入、借款利息的结算和借款本息的归还情况,促使企业遵守信贷纪律,提高信用等级,同时也要确保长期借款发挥效益。

2. 长期借款的账务处理

企业应通过"长期借款"科目,核算长期借款的借入、归还等情况。该科目的贷方登记长期借款本息的增加额,借方登记本息的减少额,贷方余额表示企业尚未偿还的长期借款。本科目可按照贷款单位和贷款种类设置明细账,分别用"本金""利息调整"等进行明细核算。长期借款账务处理的内容主要包括取得长期借款、确认利息以及归还长期借款。

（二）应付债券

1. 应付债券概述

应付债券是指企业为筹集（长期）资金而发行的债券。通过发行债券取得的资金,构成了企业一项非流动负债,企业会在未来某一特定日期按债券所记载的利率、期限等约定还本付息。企业债券发行价格的高低一般取决于债券票面金额、债券票面利率、发行当时的市场利率以及债券期限的长短等因素。债券发行有面值发行、溢价发行和折价发行三种情况。企业债券按其面值价格发行,称为面值发行;以低于债券面值价格发行,称为折价发行;以高于债券面值价格发行,则称为溢价发行。债券溢价或折价不是债券发行企业的收益或损失,而是发行债券企业在债券存续期内对利息费用的一种调整。我国债券只能按面值或者溢价发行。

2. "应付债券"科目

企业应通过设置"应付债券"科目,核算应付债券发行、计提利息、还本付息等情况。该科目贷方登记应付债券的本金和利息,借方登记归还的债券本金和利息,期末贷方余额表示企业尚未偿还的长期债券。本科目可按"面值""利息调整""应计利息"等设置明细科目,进行明细核算。企业应当设置"企业债券备查簿",详细登记每一企业债券的票面金额、债券票面利率、还本付息期限与方式、发行总额、发行日期和编号、委托代售单位、转换股份等资料。企业债券到期结清时,应当在备查簿内逐笔注销。

（三）长期应付款

长期应付款是指企业除长期借款和应付债券以外的其他各种长期应付款项,包括应付融资租入固定资产的租赁费、以分期付款方式购入固定资产发生的应付款项等。长期应付款除具有长期负债的一般特点外,还具有款项主要形成固定资产并分期付款的特点。企业应设置"长期应付款"科目,核算企业融资租入固定资产和以分期付款方式购入固定资产时应付的款项及偿还情况。该科目贷方反映应付的长期应付款项,借方反映偿还的长期应付款项,期末贷方余额,反映企业应付未付的长期应付款项。本科目可按长期应付款的种类和债权人设置明细科目进行明细核算。

1. 应付融资租赁款

应付融资租赁款是指企业融资租入固定资产而形成的非流动负债。企业融资租入的固定资产,在租赁有效期限内,其所有权仍归出租方,但承租方获得了租赁资产的实质控制权,享有了资产在有效使用期限内带来的各种经济利益。同时,作为取得这项权利的代价,需要支付大致相等于该项资产的公允价值的金额,这些款项在支付前,构成了应付融资租赁款。融资租入固定资产时,在租赁期开始日,按应计入固定资产成本的金额(租赁开始日租赁资产公允价值与最低租赁付款额现值两者中较低者,加上初始直接费用),借记"在建工程"或"固定资产"科目,按最低租赁付款额,贷记"长期应付款"科目,按发生的初始直接费用,贷记"银行存款"等科目,按其差额,借记"未确认融资费用"科目。在融资租赁下,承租人向出租人支付的租金中,包含了本金和利息两部分。承租人支付租金时,一方面应减少长期应付款,另一方面应将未确认的融资费用,在租赁期内各个期间按一定的方法确认为当期融资费用。企业应当采用实际利率法计算确认当期的融资费用。

2.具有融资性质的延期付款

企业购买资产有可能延期支付有关价款。如果延期支付的购买价款超过正常信用条件,实质上具有融资性质的,所购资产的成本应当以延期支付购买价款的现值为基础确定。实际支付的价款与购买价款的现值之间的差额,应当在信用期间内采用实际利率法进行摊销,计入相关资产成本或当期损益。具体来说,企业购入资产超过正常信用条件,延期付款,实质上具有融资性质时,应按购买价款的现值,借记"固定资产""在建工程"等科目,按应支付的价款总额,贷记"长期应付款"科目,按其差额,借记"未确认融资费用"科目。企业在信用期间内采用实际利率法摊销未确认融资费用,应按摊销额,借记"在建工程""财务费用"等科目,贷记"未确认融资费用"科目。

第二节　所有者权益

一、实收资本

(一)实收资本概述

实收资本是指企业按照章程规定或合同、协议约定,接受投资者投入企业的资本。实收资本的构成比例或股东的股份比例,是确定所有者在企业所有者权益中份额的基础,也是企业进行利润或股利分配的主要依据。《中华人民共和国公司法》规定,股东可以用货币出资,也可以用实物、知识产权、土地使用权等可以用货币估价并可以依法转让的非货币财产作价出资,但是,法律、行政法规规定不得作为出资的财产除外。企业应当对作为出资的非货币财产评估作价,核实财产,不得高估或者低估作价。法律、行政法规对评估作价有规定的,从其规定。全体股东的货币出资金额不得低于有限责任公司注册资本的30%。不论以何种方式出资,投资者如在投资过程中违反投资合约或协议约定,不按规定如期缴足出资额,企业可以依法追究投资者的违约责任。

企业收到所有者投入企业的资本后,应根据有关原始凭证(如投资清单、银行通知单等),分别对不同的出资方式进行会计处理。

(二)实收资本的账务处理

1. 接受现金资产投资

(1)股份有限公司以外的企业接受现金资产投资

实收资本的构成比例即投资者的出资比例或股东的股份比例,通常是确定所有者在企业所有者权益中所占的份额和参与企业生产经营决策的基础,也是企业进行利润分配或股利分配的依据,同时还是企业清算时确定所有者对净资产的要求权的依据。

(2)股份有限公司接受现金资产投资

股份有限公司发行股票时,既可以按面值发行股票,也可以溢价发行(我国目前不允许折价发行)。股份有限公司在核定的股本总额及核定的股份总额的范围内发行股票时,应在实际收到现金资产时进行会计处理。

2. 接受非现金资产投资

(1)接受投入固定资产

企业接受投资者作价投入的房屋、建筑物、机器设备等固定资产,应按投资合同或协议约定价值确定固定资产价值(但投资合同或协议约定价值不公允的除外)和在注册资本中应享有的份额。

(2)接受投入材料物资

企业接受投资者作价投入的材料物资,应按投资合同或协议约定价值确定材料物资价值(但投资合同或协议约定价值不公允的除外)和在注册资本中应享有的份额。

(3)接受投入无形资产

企业收到以无形资产方式投入的资本,应按投资合同或协议约定价值确定无形资产价值(但投资合同或协议约定价值不公允的除外)和在注册资本中应享有的份额。

3.实收资本(或股本)的增减变动

一般情况下,企业的实收资本应相对固定不变,但在某些特定情况下,实收资本也可能发生增减变化。我国《企业法人登记管理条例》规定,除国家另有规定外,企业的注册资金应当与实收资本相一致。当实收资本比原注册资金增加或减少的幅度超过20%时,应持资金使用证明或者验资证明,向原登记主管机关申请变更登记。如擅自改变注册资本或抽逃资金,要受到工商行政管理部门的处罚。

(1)实收资本(或股本)的增加

一般企业增加资本主要有三个途径:接受投资者追加投资、资本公积转增资本和盈余公积转增资本。需要注意的是,由于资本公积和盈余公积均属于所有者权益,用其转增资本时,如果是独资企业比较简单,直接结转即可。如果是股份有限公司或有限责任公司,则应该按照原投资者各自出资比例相应增加各投资者的出资额。

(2)实收资本(或股本)的减少

企业减少实收资本应按法定程序报经批准,股份有限公司采用收购本公司股票方式减资的,通过"库存股"科目核算回购股份的金额。减资时,按股票面值和注销股数计算的股票面值总额冲减股本,按注销库存股的账面余额与所冲减股本的差额冲减股本溢价,股本溢价不足冲减的,应依次冲减"盈余公积""利润分配——未分配利润"等科目。如果回购股票支付的价款低于面值总额的,所注销库存股的账面余额与所冲减股本的差额作为增加资本公积(股本溢价)处理。

二、资本公积

(一)资本公积概述

1.资本公积的来源

资本公积是企业收到投资者出资额超出其在注册资本(或股本)中所占份额的部分,以及其他资本公积等。资本公积包括资本溢价(或股本溢价)和其他资本公积等。

形成资本溢价(或股本溢价)的原因有溢价发行股票、投资者超额缴入资本等。

其他资本公积是指除净损益、其他综合收益和利润分配以外所有者权益的其他变动。如企业的长期股权投资采用权益法核算时,因被投资单位除净损益、其他综合收益和利润分配以外所有者权益的其他变动,投资企业按应享有份额而增加或减少的资本公积。

企业根据国家有关规定实行股权激励的,如果在等待期内取消了授予的权益工具,企业应在进行权益工具加速行权处理时,将剩余等待期内应确认的金额立即计入当期损益,并同时确认资本公积。企业集团(由母公司和其全部子公司构成)内发生的股份支付交易,如结算企业是接受服务企业的投资者,应当按照授予日权益工具的公允价值或应承担负债的公允价值确认为对接受服务企业的长期股权投资,同时确认资本公积(其他资本公积)或负债。

资本公积的核算包括资本溢价(或股本溢价)的核算、其他资本公积的核算和资本公积转增资本的核算等内容。

2.资本公积与实收资本(或股本)、留存收益的区别

(1)资本公积与实收资本(或股本)的区别

第一,从来源和性质看。实收资本(或股本)是指投资者按照企业章程或合同、协议的约定,实际投入企业并依法进行注册的资本,它体现了企业所有者对企业的基本产权关系。资本公积是投资者的出资额超出其在注册资本中所占份额的部分,以及直接计入所有者权益的利得和损失,它不直接表明所有者对企业的基本产权关系。

第二,从用途看。实收资本(或股本)的构成比例是确定所有者参与企业财务经营决策的基础,也是企业进行利润分配或股利分配的依据,同时还是企业清算时确定所有者对净资产的要求权的依据。资本公积的用途主要是用来转增资本(或股本)。资本公积不体现各所有者的占有比例,也不能作为所有者参与企业财务经营决策或进行利润分配(或股利分配)的依据。

(2)资本公积与留存收益的区别

资本公积的来源不是企业实现的利润,而主要来自资本溢价(或股本溢价)等。留存收益是企业从历年实现的利润中提取或形成的留存于企业的内部积累,来源于企业生产经营活动实现的利润。

(二)资本公积的账务处理

1.资本溢价(或股本溢价)

(1)资本溢价

除股份有限公司外的其他类型的企业,在企业创立时,投资者认缴的出资额与注册资本一致,一般不会产生资本溢价。但在企业重组或有新的投资者加入时,常常会出现资本溢价。因为在企业进行正常生产经营活动后,其资本利润率通常要高于企业初创阶段。另外,企业有内部积累,新投资者加入企业后,对这些积累也要分享,所以新加入的投资者往往要付出大于原投资者的出资额,才能取得与原投资者相同的出资比例。投资者多缴的部分就形成了资本溢价。

（2）股本溢价

股份有限公司是以发行股票的方式筹集股本的,股票可按面值发行,也可按溢价发行,我国目前不准折价发行。与其他类型的企业不同,股份有限公司在成立时可能会溢价发行股票,因而在成立之初,就可能会产生股本溢价。股本溢价的数额等于股份有限公司发行股票时实际收到的款额超过股票面值总额的部分。

在按面值发行股票的情况下,企业发行股票取得的收入,应全部作为股本处理;在溢价发行股票的情况下,企业发行股票取得的收入,等于股票面值部分作为股本处理,超出股票面值的溢价收入应作为股本溢价处理。

发行股票相关的手续费、佣金等交易费用,如果是溢价发行股票的,应从溢价中抵扣,冲减资本公积（股本溢价）;无溢价发行股票或溢价金额不足以抵扣的,应将不足抵扣的部分冲减盈余公积和未分配利润。

2.其他资本公积

本书以因被投资单位除净损益、其他综合收益和利润分配以外的所有者权益的其他变动为例,介绍相关的其他资本公积的核算。

企业对被投资单位的长期股权投资采用权益法核算的,在持股比例不变的情况下,对因被投资单位除净损益、其他综合收益和利润分配以外的所有者权益的其他变动,应按持股比例计算其应享有或应分担被投资单位所有者权益的增减数额。在处置长期股权投资时,应转销与该笔投资相关的其他资本公积。

3.资本公积转增资本

经股东大会或类似机构决议,用资本公积转增资本时,应冲减资本公积,同时按照转增资本前的实收资本（或股本）的结构或比例,将转增的金额记入"实收资本"（或"股本"）科目下各所有者的明细分类账。

三、留存收益

（一）留存收益概述

留存收益是指企业从历年实现的利润中提取或形成的留存于企业的内部积

累,包括盈余公积和未分配利润两类。

盈余公积是指企业按照有关规定从净利润中提取的积累资金。公司制企业的盈余公积包括法定盈余公积和任意盈余公积。法定盈余公积是指企业按照规定的比例从净利润中提取的盈余公积。任意盈余公积是指企业按照股东会或股东大会决议提取的盈余公积。

企业提取的盈余公积经批准可用于弥补亏损、转增资本或发放现金股利或利润等。

未分配利润是指企业实现的净利润经过弥补亏损、提取盈余公积和向投资者分配利润后留存在企业的、历年结存的利润。相对于所有者权益的其他部分来说,企业对于未分配利润的使用有较大的自主权。

(二)留存收益的账务处理

1.利润分配

利润分配是指企业根据国家有关规定和企业章程、投资者协议等,对企业当年可供分配的利润所进行的分配。

可供分配的利润＝当年实现的净利润(或净亏损)＋年初未分配利润(或"年初未弥补亏损")＋其他转入

利润分配的顺序依次是:①提取法定盈余公积;②提取任意盈余公积;③向投资者分配利润。

企业应通过"利润分配"科目,核算企业利润的分配(或亏损的弥补)和历年分配(或弥补)后的未分配利润(或未弥补亏损)。该科目应分别"提取法定盈余公积""提取任意盈余公积""应付现金股利或利润""盈余公积补亏""未分配利润"等进行明细核算。企业未分配利润通过"利润分配——未分配利润"明细科目进行核算。年度终了,企业应将全年实现的净利润或发生的净亏损,自"本年利润"科目转入"利润分配——未分配利润"科目,并将"利润分配"科目所属其他明细科目的余额,转入"未分配利润"明细科目。结转后,"利润分配——未分配利润"科目如为贷方余额,表示累积未分配的利润数额;如为借方余额,则表示累积未弥补的亏损数额。

2.盈余公积

按照《中华人民共和国公司法》有关规定,公司制企业应按照净利润(减弥补以前年度亏损,下同)的10%,提取法定盈余公积。非公司制企业法定盈余公积的提取比例可超过净利润的10%,法定盈余公积累计额已达注册资本的50%时可以不再提取。值得注意的是,如果以前年度未分配利润有盈余(即年初未分配利润余额为正数),在计算提取法定盈余公积的基数时,不应包括企业年初未分配利润;如果以前年度有亏损(即年初未分配利润余额为负数),应先弥补以前年度亏损再提取盈余公积。公司制企业可根据股东会或股东大会的决议提取任意盈余公积。非公司制企业经类似权力机构批准,也可提取任意盈余公积。法定盈余公积和任意盈余公积的区别在于其各自计提的依据不同,前者以国家的法律法规为依据,后者由企业的权力机构自行决定。

第八章　收入、费用和利润

第一节　收入确认与计量

一、收入的概念与特征

(一)收入的概念

收入,是指企业在日常活动中形成的、会导致所有者权益增加的、与所有者投入资本无关的经济利益的总流入。

合同,是指双方或多方之间订立的有法律约束力的权利义务的协议。合同有书面形式、口头形式以及其他形式。

(二)收入的特征

第一,收入是在企业日常经营活动中所形成的经济利益的流入。

第二,收入可能表现为企业资产的增加,如增加银行存款、应收账款、应收票据等,也可能表现为企业负债的减少,或者二者兼而有之。

第三,收入能导致企业所有者权益的增加。

第四,收入只包括本企业经济利益的流入,不包括为第三方或客户代收的款项,如企业代税务机关收取的税款、旅行社代客户收取的门票等。

二、收入的分类

按照企业经营业务的主次分类,收入可以分为主营业务收入和其他业务收入。

第一,主营业务收入,是指企业通过主要经营活动所获取的收入。

第二,其他业务收入,是指企业通过主要经营业务以外的其他经营业务所获取的收入。

三、收入的确认与计量

(一)收入的确认

企业应当在履行了合同中的履约义务,即在客户取得相关商品控制权时确认收入。取得相关商品控制权,是指能够主导该商品的使用并从中获得几乎全部的经济利益。当企业与客户之间的合同同时满足下列条件时,企业应当在客户取得相关商品控制权时确认收入:

第一,合同各方已批准该合同并承诺将履行各自义务;

第二,该合同明确了合同各方与所转让商品或提供劳务(以下简称"转让商品")相关的权利和义务;

第三,该合同有明确的与所转让商品相关的支付条款;

第四,该合同具有商业实质,即履行该合同将改变企业未来现金流量的风险、时间分布或金额;

第五,企业因向客户转让商品而有权取得的对价很可能收回。

在合同开始日即满足前款条件的合同,企业在后续期间无须对其进行重新评估,除非有迹象表明相关事实和情况发生重大变化。合同开始日通常是指合同生效日。

企业销售商品应同时满足上述五个条件,才能确认收入。任何一个条件没有满足,即使收到货款,也不能确认收入。

(二)销售商品收入的计量

1.通常情况下销售商品收入的计量

企业发生的一般销售商品业务,在同时满足收入确认的五个条件,确认销售商品收入时,企业应按已收或应收的合同或协议价款,加上应收取的增值税税额,借记"银行存款""应收账款""应收票据"等科目,按确定的收入金额,贷记"主营业务收入""其他业务收入"等科目,按应收取的增值税税额,贷记"应交税费——应交增值税(销项税额)"科目;同时或在资产负债表日,按已销商品的账面价值,借记"主营业务成本""其他业务成本"科目,贷记"库存商品""原材料"科目;按应交纳的消费税、资源税、城市维护建设税、教育费附加等税费金额,借记"税金及附加"科目,贷记"应交税费——应交消费税(或应交资源税、应交城市维护建设税、应交教育费附加等)"科目。

2.**销售商品涉及销售折扣的计量**

销售折扣,是指企业为鼓励购货方早日付款或多购商品而给予的价格折扣,包括商业折扣和现金折扣。

第一,商业折扣,是指企业根据市场供需情况,或针对不同的顾客,在商品标价上给予的扣除。商业折扣是企业最常用的促销手段。由于商业折扣实际上是对商品报价进行的折扣,扣除折扣后的净额才是实际销售价格,商品是按实际销售价格成交的,并按其开具发票,所以,商业折扣对应收账款入账价值没有什么实质性的影响,它仅仅是确定实际售价的一种手段,不需要在买卖双方任何一方的账上反映。因此,在存在商业折扣的情况下,企业应收账款金额应按扣除商业折扣以后的实际售价确认。

第二,现金折扣,是指债权人为鼓励债务人在规定的期限内付款,而向债务人提供的债务减让。现金折扣通常发生在以赊销方式销售商品或提供劳务的交易中。企业为了鼓励客户提前偿付货款,通常与债务人达成协议,在信用期内规定一个折扣期限,债务人在不同的折扣期限内付款可享受不同比例的折扣,越早付款,得到的折扣优惠越大,超过折扣期付款,则得不到折扣。

现金折扣一般用符号"折扣/付款期限"表示。例如,某企业赊销商品,提供的现金折扣条件为"2/10,1/20,N/30",计算现金折扣时不包含增值税。该折扣条件表明:买方在 10 天内付款可按售价给予 2% 的折扣;在 11~20 天内付款,可按售价给予 1% 的折扣;在 21~30 天内付款,则不给予折扣。由此可见,现金折扣使得销售方的应收账款的收回金额随客户付款时间不同而有差异,必然对应收账款的入账金额产生影响。对于这种影响,会计上有两种处理方法:一种是总价法,另一种是净价法。

总价法是将未减去现金折扣前的金额作为实际售价,记作应收账款的入账价值。现金折扣只有客户在折扣期内支付货款时,才予以确认。在这种情况下,销售方把给予客户的现金折扣视为融资的理财费用,会计上作为财务费用处理。

净价法,即将扣减现金折扣后的金额作为实际售价,据以确认应收账款的入账价值。这种方法是把客户取得折扣视为正常现象,认为客户一般都会提前付款,而将由于客户超过折扣期限而多收入的金额,视为提供信贷获得的收入,在会计上作为利息收入入账。

我国现行会计制度规定,企业应收账款的入账价值,应当按总价法确认。

3.**销售商品涉及销售折让的计量**

销售折让,是指企业因售出商品的质量、品种等不符合要求而在售价上给予的减让。销售行为在先,购货方希望售价减让在后。通常情况下,销售折让发生在销售收入已经确认之后,因此,销售折让发生时,直接冲减当期销售商品收入。

需要注意的是,销售折让属于资产负债表日后事项的,应按资产负债表日后事项的相关规定进行处理。

4. 销售商品涉及销售退回的计量

销售退回,是指企业售出的商品由于质量、品种不符合要求等原因而发生的退货。对于销售退回,企业应分别不同情况进行会计处理:

第一,如果已确认收入的售出商品发生销售退回的,企业一般应在发生时冲减当期销售商品收入,同时冲减当期销售商品成本。如该项销售退回已发生现金折扣的,应同时调整相关财务费用的金额;如该项销售退回允许扣减增值税的,应同时调整"应交税费—应交增值税(销项税额)"科目的相应金额。

第二,如果已确认收入的售出商品发生的销售退回属于资产负债表日后事项的,应当按照有关资产负债表日后事项的相关规定进行会计处理。

5. 销售商品不符合收入确认条件的计量

如果销售商品不符合收入确认条件,则不应确认收入。已经发出的商品,应当通过"发出商品"科目进行核算。

6. 委托代销商品的计量

委托代销销售商品,是指委托方根据协议,委托受托方代销商品的一种销售方式。委托代销通常分为视同买断和支付手续费两种方式。

视同买断方式,即由委托方和受托方签订协议,委托方按协议价格收取所代销的货款,实际售价可由受托方自定,实际售价与协议价之间的差额归受托方所有的销售方式。

如果委托方和受托方之间的协议明确标明,受托方在取得代销商品后,无论是否能够卖出、是否获利,均与委托方无关,那么委托方和受托方之间的代销商品交易,与委托方直接销售商品给受托方没有实质区别。因此,在符合销售商品收入确认条件时,委托方应确认相关销售商品收入。

如果委托方和受托方之间的协议明确表明,将来受托方没有将商品售出时,可以将商品退回给委托方,或受托方因代销商品出现亏损时可以要求委托方补偿,那么委托方在交付商品时不确认收入,受托方也不作购进商品处理;受托方将商品销售后,按实际售价确认销售收入,并向委托方开具代销清单,委托方收到代销清单时,再确认本企业的销售收入。

7. 分期收款销售商品的计量

分期收款销售商品,是指商品已经交付,但货款分期收回的一种销售方式。在分期收款销售商品方式下,销售方将商品交付给购货方,通常表明商品所有权上的主要风险和报酬已经转移给购货方。因此,销货方应当于发出商品时确认销售收入。

8. 预收款销售商品的计量

预收款销售商品,是指购买方在商品尚未收到前按合同或协议约定分期付款,销售方在收到最后一笔款项时才交货的销售方式。在这种方式下,销售方直到收到最后一笔款项才将商品交付购货方,表明商品所有权上的主要风险和报酬只有在收到最后一笔款项时才转移给购货方,因此,企业通常应在发出商品时确认收入,在此之前预收的货款应确认为负债。

9. 售后回购销售商品的计量

售后回购,是指销售商品的同时,销售方同意日后再将同样或类似的商品购回的销售方式。在这种方式下,销售方应根据合同或协议的条款判断企业是否已将商品所有权上的主要风险和报酬转移给购买方,以确定是否确认销售商品收入。在大多数情况下,售后回购交易属于融资交易,企业不应确认销售商品收入,收到的款项应确认为负债(其他应付款);回购价格大于原售价的差额,企业应在回购期间按期计提利息费用,计入财务费用。有确凿证据表明售后回购交易满足销售商品收入确认条件的,销售的商品按售价确认收入,回购的商品作为购进商品处理。

10. 附有销售退回条件的商品销售的计量

附有销售退回条件的商品销售,是指购买方依照合同或协议有权退货的销售方式。在这种销售方式下,企业根据以往经验能够合理估计退货可能性且确认与退货相关负债的,通常应在发出商品时确认收入;企业不能合理估计退货可能性的,通常应在售出商品退货期满时确认收入。

11. 商品需要安装和检验的销售的计量

商品需要安装和检验的销售,是指售出的商品需要经过安装和检验等过程的销售方式。在这种销售方式下,在购买方接受交货以及安装和检验完毕前,企业通常不应确认收入。如果安装程序比较简单或检验是为了最终确定合同或协议价格而必须进行的程序,企业可以在发出商品时确认收入。

12.以旧换新销售的计量

以旧换新销售,是指销售方在销售商品的同时回收与所售商品相同的旧商品。在这种销售方式下,销售的商品应当按照销售商品收入确认条件确认收入,回收的商品作为购进商品处理。

四、提供劳务收入的确认和计量

提供劳务收入,是指企业通过提供劳务作业而取得的收入。

劳务,通常是指其结果不形成有形资产的服务,如运输服务、旅游服务、饮食服务、广告策划、广告制作、管理咨询、业务培训、建筑安装、业务代理等。

劳务收入应当依据在资产负债表日提供劳务交易的结果是否能够可靠估计,分别采用不同的方法予以确认与计量。

(一)资产负债表日,提供劳务交易的结果能够可靠估计

资产负债表日,企业提供劳务交易的结果如果能够可靠估计,应当采用完工百分比法确认提供劳务收入。

提供劳务交易的结果能够可靠估计,是指同时满足下列条件:

(1)收入的金额能够可靠地计量,是指提供劳务收入的总额能够合理地估计。通常情况下,企业应当按照从接受劳务方已收或应收的合同或协议价款确定提供劳务收入总额。随着劳务的不断提供,可能会根据实际情况增加或减少已收或应收的合同或协议价款,此时,企业应及时调整提供劳务收入总额。

(2)相关的经济利益很可能流入企业,是指提供劳务收入总额收回的可能性大于不能收回的可能性。企业在确定提供劳务收入总额能否收回时,应当结合接受劳务方的信誉、以前的经验以及双方就结算方式和期限达成的合同或协议条款等因素,综合进行判断。

企业在确定提供劳务收入总额收回的可能性时,应当进行定性分析。如果确定提供劳务收入总额收回的可能性大于不能收回的可能性,即可认为提供劳务收入总额很可能流入企业。通常情况下,企业提供的劳务符合合同或协议要求,接受劳务方承诺付款,就表明提供劳务收入总额收回的可能性大于不能收回的可能性。如果企业判断提供劳务收入总额不是很可能流入企业,应当提供确凿证据。

(3)交易的完工进度能够可靠地确定,是指交易的完工进度能够合理地估计。企业确定提供劳务交易的完工进度,可以选用下列方法:

第一,已完工作的测量。这是一种比较专业的测量方法,由专业测量师对已

经提供的劳务进行测量,并按一定方法计算确定提供劳务交易的完工程度。

第二,已经提供的劳务占应提供劳务总量的比例。这种方法主要以劳务量为标准确定提供劳务交易的完工程度。

第三,已经发生的成本占估计总成本的比例。这种方法主要以成本为标准确定提供劳务交易的完工程度。只有反映已提供劳务的成本才能包括在已经发生的成本中,只有反映已提供或将提供劳务的成本才能包括在估计总成本中。

(4)交易中已发生和将发生的成本能够可靠地计量,是指交易中已经发生和将要发生的成本能够合理地估计。企业应当建立完善的内部成本核算制度和有效的内部财务预算及报告制度,准确地提供每期发生的成本,并对完成剩余劳务将要发生的成本进行科学、合理的估计。同时应随着劳务的不断提供或外部情况的不断变化,随时对将要发生的成本进行修订。

(二)资产负债表日,提供劳务交易的结果不能可靠估计

企业在资产负债表日,如不能可靠地估计所提供的劳务交易结果,则不能按完工百分比法确认收入。这时企业应正确预计已收回或将要收回的款项能弥补多少已经发生的成本,并应当分别按下列情况处理:

(1)已经发生的劳务成本预计能够得到补偿的,应当按照已经发生的劳务成本金额确认提供劳务收入,并按相同金额结转劳务成本。在这种情况下,企业应按已经发生的劳务成本金额,借记"应收账款""预收账款"等科目,贷记"主营业务收入""应交税费"等科目,同时,借记"主营业务成本"科目,贷记"劳务成本"科目。

(2)已经发生的劳务成本预计只能部分得到补偿的,应当按照能够得到补偿的劳务成本金额确认提供劳务收入,并按已经发生的劳务成本结转劳务成本。在这种情况下,企业应按能够得到补偿的劳务成本金额,借记"应收账款"等科目,贷记"主营业务收入""应交税费"等科目,同时,借记"主营业务成本"科目,贷记"劳务成本"科目。

(3)已经发生的劳务成本预计全部不能得到补偿的,应当将已经发生的劳务成本计入当期损益,不确认提供劳务收入。在这种情况下,企业应按已经发生的劳务成本金额,借记"主营业务成本"科目,贷记"劳务成本"科目。

五、让渡资产使用权收入的确认和计量

让渡资产使用权收入主要包括两类,即利息收入和使用费收入。企业对外出租资产收取的租金、进行债权投资收取的利息、进行股权投资取得的股利,也属于

让渡资产使用权形成的收入。

让渡资产使用权收入同时满足下列条件的,才能予以确认:一是相关的经济利益很可能流入企业;二是收入的金额能够可靠地计量。

(一)利息收入

资产负债表日,企业按照他人使用本企业货币资金的时间和实际利率,计算确定利息收入金额。利息支付方式包括分期付息和到期一次付息。无论利息如何支付,企业均应分期计算并确认利息收入。

(二)使用费收入

使用费收入应当按照有关合同或协议约定的收费时间和方法计算确定。不同的使用费收入,收费时间和方法各不相同。有一次性收取一笔固定金额的,如一次性收取 10 年的场地使用费;有在合同或协议规定的有效期内分期等额收取的,如合同或协议规定在使用期内每期收取一笔固定的金额;有分期不等额收取的,如合同或协议规定按资产使用方每期销售额的百分比收取使用费等。

如果合同或协议规定一次性收取使用费,且不提供后续服务的,应当视同销售该项资产一次性确认收入;提供后续服务的,应在合同或协议规定的有效期内分期确认收入。如果合同或协议规定分期收取使用费的,应按合同或协议规定的收款时间和金额或规定的收费方法计算确定的金额分期确认收入。

第二节 费用确认与计量

一、费用的概念与分类

(一)费用的概念

费用是指企业为销售商品、提供劳务等日常活动所发生的经济利益的流出,是企业在生产经营过程中发生的各项耗费,即企业在生产经营过程中为取得收入而支付或耗费的各项资产。我国《企业会计准则——基本准则》(2014 年)将费用表述为:"费用是指企业在日常活动中发生的、会导致所有者权益减少的、与向所有者分配利润无关的经济利益的总流出。"

费用应按照权责发生制和配比原则确认,凡应属于本期发生的费用,不论其款项是否支付,均确认为本期费用;反之,不属于本期发生的费用,即使其款项已在本期支付,也不确认为本期费用。

费用的确认除了应当符合费用的定义外,还应当满足严格的条件,即费用只有在经济利益很可能流出,从而导致企业资产减少或者负债增加、且经济利益的流出额能够可靠计量时才能予以确认。因此,费用的确认至少应当符合以下条件:①与费用相关的经济利益应当很可能流出企业;②经济利益流出企业的结果会导致资产的减少或者负债的增加;③经济利益的流出额能够可靠地计量。

(二)费用的分类

费用按经济用途进行分类,可分为产品生产费用和期间费用两大类。

1.产品生产费用

产品生产费用即生产成本,包括直接材料、直接人工、燃料及动力、制造费用等。直接材料指直接用于产品生产、构成产品实体的原料、主要材料、外购半成品及有助于产品形成的辅助材料。

直接人工指直接参加产品生产的工人工资及按生产工人工资总额和规定的比例计算提取的职工福利费。

燃料及动力指直接用于产品生产的外购和自制的燃料及动力。

制造费用指企业各生产单位为组织和管理生产而发生的各项费用,如生产单位(车间)管理人员的工资及职工福利费、折旧费、修理费、办公费、物料消耗、劳动保护费、水电费等。

2.期间费用

期间费用是指不能直接归属于某个特定产品成本的费用,包括销售费用、管理费用、财务费用。

二、期间费用的确认与计量

(一)销售费用

销售费用是指企业在销售过程中发生的各项费用,包括企业销售商品过程中发生的运输费、装卸费、包装费、保险费、展览费和广告费,以及为销售本企业商品而专设的销售机构(含销售网点、售后服务网点等)的职工工资及福利费、类似工资性质的费用、业务费等经营费用。

商品流通企业在购买商品过程中所发生的进货费用(如运输费、装卸费、包装费、保险费)、运输途中的合理损耗和入库前的挑选整理等也包括在内。

企业发生销售费用时,借记"销售费用"科目,贷记"库存现金""银行存款""应付职工薪酬"等科目,期末应将"销售费用"科目的余额转入"本年利润"科目,结转后该科目应无余额。

(二)管理费用

管理费用是指企业管理部门为组织和管理企业生产经营活动所发生的各种费用,具体包括的项目有:

第一,企业管理部门及职工方面的费用。其主要包括:公司经费、工会经费、职工教育经费、劳动保险费、待业保险费。公司经费包括总部管理人员工资、职工福利费、差旅费、办公费、折旧费、修理费、物料消耗、低值易耗品摊销及其他公司经费。

第二,用于企业直接管理之外的费用。其主要包括:董事会费、咨询费、聘请中介机构费、诉讼费。

第三,提供生产技术条件的费用。其主要包括:研究与开发费、无形资产摊销、长期待摊费用摊销。

第四,业务招待费,是指企业为业务经营的合理需要而支付的交际应酬费用。

第五,损失或准备,主要包括:坏账准备、存货跌价准备、存货盘亏和盘盈。

第六,其他费用,是指不包括在以上各项之内又应列入管理费用的费用。

企业发生管理费用时,借记"管理费用"科目,贷记"银行存款""库存现金""原材料""应付职工薪酬""累计折旧""应交税费"等科目,期末应将"管理费用"科目的余额转入"本年利润"科目,结转后该科目应无余额。

(三)财务费用

财务费用是指企业为筹集生产经营所需资金等而发生的费用,包括利息费用、利息收入、汇兑损失(减汇兑收益)、金融机构手续费以及筹集生产经营资金发生的其他费用等。

企业发生财务费用时,借记"财务费用"科目,贷记"应付利息""银行存款"等科目。期末应将"财务费用"科目的余额转入"本年利润"科目,结转后该科目应无余额。

第三节　利润确认与计量

一、利润形成确认与计量

(一)利润的概念与构成

1.利润的概念

利润是指企业在一定会计期间的经营成果,包括收入减去费用后的净额、直接计入当期利润的利得和损失等。

直接计入当期利润的利得和损失,是指应当计入当期损益、会导致所有者权益发生增减变动的、与所有者投入资本或者向投资者分配利润无关的利得和损失。

未计入当期利润的利得和损失扣除所得税影响后的净额,计入其他综合收益。

综合收益总额＝净利润＋其他综合收益的税后净额

2.利润的构成

(1)营业利润

营业利润＝营业收入－营业成本－税金及附加－销售费用－管理费用－研发费用－财务资产减值损失＋公允价值变动收益(－公允价值变动损失)＋投资收益(－投资损失)＋资产处置收益(－资产处置损失)＋其他收益

其中:

营业收入是指企业经营业务所确认的收入总额,包括主营业务收入和其他业务收入。

营业成本是指企业经营业务所发生的实际成本总额,包括主营业务成本和其他业务成本。

资产减值损失是指企业计提各项资产减值准备所形成的损失。

公允价值变动收益(或损失)是指企业交易性金融资产等公允价值变动形成的应计入当期损益的利得(或损失)。

投资收益(或损失)是指企业以各种方式对外投资所取得的收益(或发生的损失)。

其他收益主要是指计入其他收益的政府补助等。

(2)利润总额

利润总额＝营业利润＋营业外收入－营业外支出

其中：

营业外收入是指企业发生的营业利润以外的收益。

营业外支出是指企业发生的营业利润以外的支出。

(3)净利润

净利润是企业利润总额减去所得税费用后的余额，即企业的税后利润。

净利润＝利润总额－所得税费用

其中，所得税费用是指企业确认的应从当期利润总额中扣除的所得税费用。

(二)营业外收入与营业外支出

1.营业外收入

营业外收入是指企业发生的营业利润以外的收益。

营业外收入主要包括盘盈利得、捐赠利得、与企业日常活动无关的政府补助、债务重组利得等。

其中：

盘盈利得，指企业对现金等资产清查盘点时发生盘盈，报经批准后计入营业外收入的金额。捐赠利得，指企业接受捐赠产生的利得。

企业应通过"营业外收入"科目，核算营业外收入的取得及结转情况。该科目可按营业外收入项目进行明细核算。

企业确认盘盈利得、捐赠利得计入营业外收入时，借记"库存现金""待处理财产损溢"等科目，贷记"营业外收入"科目。

期末企业应将"营业外收入"科目的余额转入"本年利润"科目，借记"营业外收入"，贷记"本年利润"，结转后"营业外收入"科目应无余额。

2.营业外支出

营业外支出是指企业发生的营业利润以外的支出，主要包括公益性捐赠支出、盘亏损失、非常损失、罚款支出、非流动资产毁损报废损失、债务重组损失等。

其中：

公益性捐赠支出，指企业对外进行公益性捐赠发生的支出。

盘亏损失，主要指对于财产清查盘点中盘亏的资产，查明原因并报经批准计入营业外支出的损失。

非常损失,指企业对于因客观因素(如自然灾害等)造成的损失,扣除保险公司赔偿后应计入营业外支出的净损失。

罚款支出,指企业支付的行政罚款、税务罚款,以及其他违反法律法规、合同协议等而支付的罚款、违约金、赔偿金等支出。

企业应通过"营业外支出"科目,核算营业外支出的发生及结转情况。该科目可按营业外支出项目进行明细核算。

企业确认报废毁损非流动资产损失时,借记"营业外支出"科目,贷记"固定资产清理"等科目。

确认盘亏、罚款支出计入营业外支出时,借记"营业外支出"科目,贷记"待处理财产损溢""库存现金"等科目。

期末应将"营业外支出"科目余额转入"本年利润"科目,借记"本年利润"科目,贷记"营业外支出"科目,结转后"营业外支出"科目应无余额。

(三)本年利润的结转

为核算企业本年度内实现的利润总额(或亏损总额),企业应设置"本年利润"科目。

一个会计年度终了,企业应将各收益类科目的余额转入"本年利润"科目的贷方,将各成本、费用类科目的余额转入"本年利润"科目的借方。

结转后,"本年利润"科目如为贷方余额,反映本年度自年初开始累计发生的净利润;如为借方余额,反映本年度自年初开始累计发生的净亏损。年度终了,应将"本年利润"科目的全部累计余额转入"利润分配"科目。如为净利润,借记"本年利润"科目,贷记"利润分配"科目;如为净亏损,编制相反会计分录。年度结转后,"本年利润"科目无余额。

二、利润分配确认与计量

(一)利润分配的一般程序

企业当期实现的净利润,加上年初未分配利润(或减去年初未弥补亏损)和其他转入后的余额,为可供分配的利润。

1.可供分配利润的分配顺序

可供分配利润一般应按以下顺序分配:

(1)弥补企业以前年度亏损。企业发生的年度亏损,可以用下一年度的税前利润等弥补。下一年度利润不足弥补的,可以在 5 年内延续弥补。5 年内不足弥补的,改用企业的税后利润弥补,也可以用以前年度提取的盈余公积弥补。企业以前年度亏损未弥补完,不得提取法定盈余公积。在提取法定盈余公积前,不得向投资者分配利润。

(2)提取法定盈余公积。法定盈余公积是企业按照本年实现净利润(扣除前一项)的一定比例提取,股份公司按照《中华人民共和国公司法》的规定按 10% 的比例提取,其他企业可以根据需要确定提取比例,但至少应按 10% 提取。法定盈余公积已达注册资金的 50% 时,可不再提取。

外商投资企业应当按照法律、行政法规的规定,按净利润提取储备基金、企业发展基金、职工奖励及福利基金等。

(3)分配可供投资者分配的利润。可供分配的利润减去提取的法定盈余公积后,为可供投资者分配的利润。可供投资者分配的利润,按下列顺序分配:

第一,支付优先股股利。股份公司按股东会决议支付优先股的股利(此项内容只限股份公司)。

第二,提取任意盈余公积。股份公司按照公司章程或者股东会决议提取和使用任意盈余公积(此项内容只限股份公司)。

第三,支付普通股股利(或向投资者分配利润)。企业以前年度未分配的利润,可以并入本年度向投资者分配。股份公司当年无利润时,不得分配股利,但在用盈余公积弥补亏损后,经股东会特别决议,可以按照不超过股票面值 6% 的比率用盈余公积分配股利,在分配股利后,企业法定盈余公积不得低于注册资金的 25%。

(二)利润分配的计量

企业应设置"利润分配"账户,核算企业利润的分配(或亏损的弥补)和历年分配(或弥补)后的积存余额。该账户应当分别"提取法定盈余公积""提取任意盈余公积""应付现金股利或利润""转作股本的股利""盈余公积补亏""未分配利润"等进行明细核算。

第一,企业按规定提取的盈余公积,借记本科目(提取法定盈余公积、提取任意盈余公积),贷记"盈余公积——法定盈余公积(或任意盈余公积)"科目。

第二,经股东大会或类似机构决议,按分配给股东或投资者的现金股利或利润,借记本科目(应付现金股利或利润),贷记"应付股利"科目。

经股东大会或类似机构决议,分配给股东的股票股利,应在办理增资手续后,借记本科目(转作股本的股利),贷记"股本"科目。

第三,用盈余公积弥补亏损,借记"盈余公积——法定盈余公积(或任意盈余公积)"科目,贷记本科目(盈余公积补亏)。

第四,年度终了,企业应将全年实现的净利润,自"本年利润"科目转入"利润分配——未分配利润"科目,并将"利润分配"科目下的其他有关明细科目的余额转入"未分配利润"明细科目。结转后,"未分配利润"明细科目的贷方余额,就是累积未分配的利润数额;如为借方余额,则表示累积未弥补的亏损数额。结转后,本科目除"未分配利润"明细科目外其他明细科目应无余额。

三、所得税确认与计量

(一)会计利润与应税利润

会计利润,又称税前会计利润或会计收益,是指一定时期内,按照符合企业会计准则的方法确认、计量的总收益或总亏损。一般来说,会计利润就是财务报告中的税前利润总额。

应税利润,又称应纳税所得额或应税收益,是指按照税法或相关法律法规规定的会计方法确认、计量的一定时期的收益,是确定应纳所得税额的基本依据。

由于计算税前会计利润是为了公允地反映企业的经营成果,计算纳税所得是为了对企业的经营所得以及其他所得进行征税。因此,会计制度与税法两者的目的不同,对收益、费用、资产、负债等确认时间和范围也不同,从而导致税前会计利润与应纳税所得额之间产生差异。

(二)计税基础与暂时性差异

1. 计税基础

计税基础是一项资产或负债据以计税的基础,是指计税时归属于该项资产或负债的金额,即按照税法的规定确认的一项资产或负债的金额。企业在取得资产、负债时,应当确定其计税基础。资产、负债的账面价值与其计税基础存在差异的,应当按照规定确认所产生的递延所得税资产或递延所得税负债。

(1)资产的计税基础

资产的计税基础,是指企业收回资产账面价值过程中,计算应纳税所得额时按照税法规定可以自应税经济利益中抵扣的金额,即某一项资产在未来期间计税时可以税前扣除的金额。

通常情况下,资产在取得时其入账价值与计税基础是相同的,后续计量过程中因企业会计准则规定与税法规定不同,可能造成账面价值与计税基础的差异。

资产在初始确认时,其计税基础一般为取得成本。从所得税角度考虑,某一单项资产产生的所得,是指该项资产产生的未来经济利益流入扣除其取得成本之后的金额。一般情况下,税法认定的资产取得成本为购入时实际支付的金额。在资产持续持有的过程中,可在未来期间税前扣除的金额,是指资产的取得成本减去以前期间按照税法规定已经税前扣除的金额后的余额。如固定资产和无形资产等在某一资产负债表日的计税基础,是指其成本扣除按照税法规定已在以前期间税前扣除的累计折旧额或累计摊销额后的金额。

比如,交易性金融资产的公允价值变动。按照企业会计准则规定,交易性金融资产期末应以公允价值计量,公允价值的变动计入当期损益;按《中华人民共和国税法》规定,交易性金融资产在持有期间公允价值变动不计入应纳税所得额,即其计税基础保持不变,因此产生了交易性金融资产的账面价值与计税基础之间的差异。假设某企业持有一项交易性金融资产,成本为 200 万元,期末公允价值为 300 万元,如果计税基础仍维持 200 万元不变,由于该项资产计税基础小于其账面价值,两者之间的差异 100 万元即为应纳税暂时性差异。

(2)负债的计税基础

负债的计税基础,是指负债的账面价值减去未来期间计算应纳税所得额时按照税法规定可予抵扣的金额。

通常情况下,短期借款、应付票据、应付账款等负债的确认和偿还,不会对当期损益和应纳税所得额产生影响,其计税基础即为账面价值。但在某些情况下,负债的确认可能会影响损益,并影响不同期间的应纳税所得额,使其计税基础与账面价值之间产生差额。

比如,企业因或有事项确认的预计负债。企业会计准则规定,对于预计负债,在满足确认条件时,按照履行现时义务所需支出的最佳估计数确认,假定企业因产品售后服务确认了 50 万元预计负债,计入相关资产成本或者当期损益。按照税法规定,与预计负债相关的费用,视相关交易事项的具体情况,一般在实际发生时准予税前扣除,该类负债的计税基础为零,其账面价值与计税基础之间形成了 50 万元的差异,即为可抵扣暂时性差异。

2.暂时性差异

暂时性差异,是指资产或负债的账面价值与其计税基础之间的差额;未作为资产和负债确认的项目,按照税法规定可以确定其计税基础的,该计税基础与其账面价值之间的差额也属于暂时性差异。按照暂时性差异对未来期间应税金额的影响,分为应纳税暂时性差异和可抵扣暂时性差异。

(1)应纳税暂时性差异

应纳税暂时性差异,是指在确定未来收回资产或清偿负债期间的应纳税所得额时,将导致产生应税金额的暂时性差异。该差异在未来期间转回时,会增加转回期间的应纳税所得额。因此,在该暂时性差异产生当期,应当确认相关的递延所得税负债。

资产的账面价值大于其计税基础时,产生应纳税暂时性差异,即在确定未来收回资产或清偿负债期间的应纳税所得额时,将导致应税金额的暂时性差异。一项资产的账面价值代表的是企业在持续使用及最终出售该项资产时会取得的经济利益的总额,而计税基础代表的是一项资产在未来期间可予税前扣除的总金额。资产的账面价值大于其计税基础,该项资产未来期间产生的经济利益不能全部税前抵扣,两者之间的差额需要交税,产生应纳税暂时性差异。例如,一项无形资产账面价值为 200 万元,意味着企业从该项无形资产的持续使用及最终处置中可以取得 200 万元的经济利益流入,计税基础如果为 150 万元,意味着企业可以从未来流入的经济利益中抵扣的金额为 150 万元,两者之间的差额会造成未来期间应纳税所得额和应交所得税的增加。因该差异会造成流出企业经济利益的增加,相应地,在其产生当期,应确认相关的递延所得税负债。

(2)可抵扣暂时性差异

可抵扣暂时性差异,是指在确定未来收回资产或清偿负债期间的应纳税所得额时,将导致产生可抵扣金额的暂时性差异。该差异在未来期间转回时,会减少转回期间的应纳税所得额。因此,在该暂时性差异产生当期,应当确认相关的递延所得税资产。

资产的账面价值小于其计税基础时,产生可抵扣暂时性差异,即在确定未来期间收回资产或清偿负债期间的应纳税所得额时,将导致产生可抵扣金额的暂时性差异。从经济含义来看,资产在未来期间产生的经济利益少,按照税法规定允许税前扣除的金额多,则企业在未来期间可以减少应纳税所得额并减少应交所得税。例如,一项资产的账面价值为 200 万元,计税基础为 260 万元,则企业在未来期间就该项资产可以在其自身取得经济利益的基础上多扣除 60 万元,从整体上来看,未来期间应纳税所得额会减少,应交所得税也会减少,形成可抵扣暂时性差异,符合有关确认条件时,应确认相关的递延所得税资产。

(三)递延所得税资产的确认与计量

1.递延所得税资产的确认

资产、负债的账面价值与其计税基础不同产生可抵扣暂时性差异的,在估计未来期间能够取得足够的应纳税所得额用以抵减该可抵扣暂时性差异时,应当以很可能取得用来抵扣可抵扣暂时性差异的应纳税所得额为限,确认相关的递延所得税资产。

2.递延所得税资产的计量

确认递延所得税资产时,应估计相关可抵扣暂时性差异的转回时间,采用转回期间适用的所得税税率为基础计算确定。无论相关的可抵扣暂时性差异转回期间如何,递延所得税资产均不予折现。

资产负债表日,企业应当对递延所得税资产的账面价值进行复核。如果未来期间很可能无法取得足够的应纳税所得额用以抵减递延所得税资产的利益,应当减记递延所得税资产的账面价值。递延所得税资产的账面价值减记以后,继后期间根据新的环境和情况判断能够产生足够的应纳税所得额抵减可抵扣暂时性差异,使得递延所得税资产包含的经济利益能够实现的,应相应恢复递延所得税资产的账面价值。

计算公式:递延所得税资产=可抵扣暂时性差异×转回期间适用的所得税税率

(四)递延所得税负债的确认和计量

应纳税暂时性差异在转回期间将增加未来期间企业的应纳税所得额和应交所得税,导致企业经济利益的流出,从其发生当期来看,构成企业应支付税金的义务,应作为递延所得税负债确认。

1.递延所得税负债的确认

除企业会计准则中明确规定可不确认递延所得税负债的情况以外,企业对于所有的应纳税暂时性差异均应确认相关的递延所得税负债。除直接计入所有者权益的交易或事项以及企业合并外,在确认递延所得税负债的同时,应增加利润表中的所得税费用。

2.递延所得税负债的计量

递延所得税负债应以相关应纳税暂时性差异转回期间适用的所得税税率计量。在我国,除享受优惠政策的情况以外,企业适用的所得税税率在不同年度之间一般不会发生变化,企业在确认递延所得税负债时,可以现行适用税率为基础计算确定,递延所得税负债的确认不要求折现。

计算公式:递延所得税负债＝应纳税暂时性差异×转回期间适用的所得税税率

(五)所得税费用的确认和计量

1.当期所得税

当期所得税是指企业按照税法规定计算确定的针对当期发生的交易和事项,应交纳给税务部门的所得税金额,即应交所得税应以适用的税收法规为基础计算确定,即

$$当期所得税＝当期应交所得税$$

企业在确定当期所得税时,对于当期发生的交易或事项,会计处理与税收处理不同的,应在会计利润的基础上,按照适用税收法规的要求进行调整,计算出当期应纳税所得额,按照应纳税所得额与适用所得税税率计算确定当期应交所得税。

2.递延所得税

递延所得税是指按照企业会计准则规定应予确认的递延所得税资产和递延所得税负债在期末应有的金额相对于原已确认金额之间的差额,即递延所得税资产及递延所得税负债的当期发生额,但不包括直接计入所有者权益的交易或事项的所得税影响。用公式表示即为:

递延所得税＝(期末递延所得税负债－期初递延所得税负债)－(期末递延所得税资产—期初递延所得税资产)

值得注意的是,如果某项交易或事项按照企业会计准则规定应计入所有者权益,由该交易或事项产生的递延所得税资产或递延所得税负债及其变化亦应计入所有者权益,不构成利润表中的递延所得税费用(或收益)。

3.所得税费用

利润表中的所得税费用由两个部分组成:当期所得税和递延所得税,即

$$所得税费用＝当期所得税＋递延所得税$$

计入当期损益的所得税费用或收益不包括企业合并和直接在所有者权益中确认的交易或事项产生的所得税影响。与直接计入所有者权益的交易或者事项相关的当期所得税和递延所得税,应当计入所有者权益。

(六)所得税的会计处理

我国企业会计准则规定,企业应采用资产负债表债务法核算所得税。

资产负债表债务法是从资产负债表出发,通过比较资产负债表上列示的资产、负债,按照企业会计准则规定确定的账面价值与按照税法规定确定的计税基础。对于两者之间的差额分别应纳税暂时性差异与可抵扣暂时性差异,确认相关的递延所得税负债与递延所得税资产。资产负债表债务法较为完整地体现了资产负债表观。

在采用资产负债表债务法核算所得税的情况下,企业一般应于每一资产负债表日进行所得税的核算。发生特殊交易或事项时,如企业合并,在确认因交易或事项产生的资产、负债时即应确认相应的所得税影响。企业进行所得税核算时一般应遵循以下程序:

第一,确定资产负债表中除递延所得税资产和递延所得税负债以外的其他资产和负债项目的账面价值。其中,资产、负债的账面价值,是指企业按照相关会计准则的规定进行核算后在资产负债表中列示的金额。例如,企业持有的应收账款账面余额为2000万元,企业对该应收账款计提了100万元的坏账准备,其账面价值为1900万元,即为该应收账款在资产负债表中的列示金额。

第二,按照资产和负债计税基础的确定方法,以适用的税收法规为基础,确定资产负债表中有关资产、负债项目的计税基础。

第三,比较资产、负债的账面价值与其计税基础,对于两者之间存在差异的,分析其性质,除准则中规定的特殊情况外,分别应纳税暂时性差异与可抵扣暂时性差异,确定与应纳税暂时性差异及可抵扣暂时性差异相关的递延所得税负债和递延所得税资产在资产负债表日的应有金额,并将该金额与期初递延所得税资产和递延所得税负债的余额相比,确定当期应予进一步确认的递延所得税资产和递延所得税负债的金额或应予转销的金额。

第四,确定利润表中的所得税费用。利润表中的所得税费用包括当期所得税和递延所得税两部分。其中,当期所得税是指当期发生的交易或事项按照适用的税法规定计算确定的当期应交所得税;递延所得税是当期确认的递延所得税资产和递延所得税负债金额或予以转销的金额的综合结果。

第一节 企业月末会计事项的会计处理

每到月末和下月初是会计人员最忙碌的时候,需要处理的事情很多,但业务内容比较固定,一般包括计提税费、核对凭证和账簿、存货成本核算、费用的摊销和计提、结转损益、结账和编制财务报表。

一、会计月末工作的内容

(一)计提税费

计提税费指的是各种税费的计算和提取。月末,会计人员计算当月应该缴纳的各种税费,并将其提取结转至"应交税费"的明细科目,形成对国家的一种负债,次月初向税务局申报缴纳。

月末计提的税费包括:增值税、城建税、教育费附加、印花税和个人所得税等;季末计提的税费一般指的是企业所得税和印花税中的购销合同(也可以月末计提);房产税、土地使用税一般半年度计提;车辆购置税、车船税、契税、土地增值税,在实际发生时,确定缴纳和申报。

计提时,增值税借记"应交税费——应交增值税(转出未交增值税)",贷记"应交税费——未交增值税";所得税借记"所得税费用",贷记"应交税费——企业所得税",其他的税费计提借记"税金及附加",贷记"应交税费"下的相应明细。

(二)核对凭证和账簿

财务人员应核对凭证和账簿,检查本期发生的经济业务是否全部登记入账,比如,查看是否有已经入库但尚未取得采购发票的材料,如果有,做暂估处理,借记"原材料",贷记"应付账款——暂估应付款"。

针对某些项目,每个月末均要进行账实核对。比如,货币资金项目,财务人员每个月都应认真核对每笔款项的进出记录,月底打印出银行对账单同企业银行存款日记账认真核对,发现问题及时处理;对于往来账,月底要将本月入账的进项和销项发票仔细核对,确定每张发票的结算方式,是现金结算的索要收据证明,是银行结算的应取得对应的银行结算凭据,是往来挂账的按号入座认真入账;其他的资产可在年末或不确定的某一天进行账实核对,这部分内容称"财产清查"。

(三)存货成本核算

财务人员应根据当月生产和销售情况,及时收集存货出入库单据,选择合适的成本计算方法,计算产品成本或销售成本,编制结转生产成本和销售成本的凭证并入账。结转生产成本时,借记"库存商品",贷记"生产成本";结转销售成本时,借记"主营业务成本",贷记"库存商品"。

(四)费用的摊销和计提

在日常业务全部正确登记入账的基础上,按权责发生制原则,将收入和费用归属于各个相应的会计期间。比如,计提应属于本期的费用:固定资产计提折旧、无形资产摊销、分配水电费、职工薪酬以及以职工薪酬为基数计提的社保费等,做到不漏提也不多提;对存在需要摊销的费用,如开办费、材料成本差异等每月摊销的费用,及时做好摊销分配凭证。

(五)结转损益

财务人员应归集当月损益类科目发生金额,分别结转到"本年利润"科目,以便在账簿上重新记录下一个会计期间的业务。结转损益的分录也需要登记到相应的账簿中去。

(六)结账

结账是每月工作的结束和下个月工作开始的衔接,财务人员在账簿上结出各账户的本期发生额合计和期末余额,通过画线表示"本月记录到此结束",将期末余额结转至下期,作为下一会计期间的期初余额。

(七)编制财务报表

月末要编制的报表有月资产负债表、月利润表和月现金流量表,这部分内容将在第八章中详细介绍。

月末会计工作的主要内容如图9-1所示。在信息化工作环境下,期末的摊销、计提和结转,以及财务报表,均可以通过取数公式自动生成。

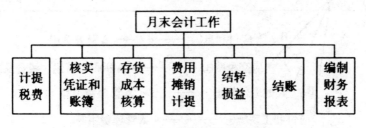

图9-1　月末会计工作的主要内容

二、摊提业务的资金运动

(一)预提费用

我们把费用本期负担但款项未在本期支付的方法叫计提。以应交税费为例,企业需要确认本期的消费税、资源税、城市维护建设税、教育费附加等,也可能需要根据本期的利润确认所得税。这些税费的确认会引起企业利润的减少,从而形成企业的费用,前者称为"税金及附加"项目,后者称为"所得税费用"项目。但这些税费的实际缴纳发生在以后的会计期间,从而形成企业对国家的债务"应交税费",其所引起的资金运动为图9-2中的B_{31}段运动。以后实际缴纳时,冲掉"应交税费"这笔债务,其所引起的资金运动为图9-2中的B_{32}段运动。

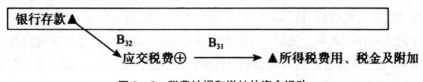

图9-2　税费计提和缴纳的资金运动

常见的计提业务还包括计提短期借款利息、计提工资、预提的租金和保险费、预提固定资产修理费用以及各种资产减值准备等。这类业务的资金运动如图9-3所示。计提费用时,发生在B_{21}、B_{31}、B_{41}和B_{51}的资金运动;后期支付时,发生在B_{22}、B_{32}、B_{42}和B_{52}的资金运动。

(二)待摊费用

待摊费用是指已经支出但应由本期和以后各期分别负担的各项费用,如一次性支出数额较大的财产保险费、技术转让费、固定资产经常修理费、预付租金等。待摊费用作为可能的未来经济利益,或是随着时间的推移而消逝,可以使用"预付

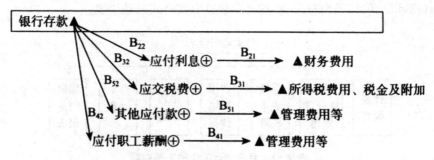

图9—3　计提费用的资金运动

账款"账户进行核算。待摊费用在第五章第四节中有详细介绍。会计人员在期末应检查所有跨期摊提业务是否全部入账。

三、税费业务的会计处理

目前,我国企业会计纳税主要依据会计账簿记录和会计报表,很多企业的税费申报和缴纳是由会计人员完成的,所以本书将期末税费的处理,视为会计人员期末的固定工作事项。期末需要结转和计提的税费包括以下几项。

(一)增值税

月底,会计人员应当积极核对销售业务,核实当月开票税额,尽快填开销项发票,确定当月销项税额。一笔购销业务从合同签订,到公司发货、对方验收确认、发票填开需要一段时间,这段时间又因为客户的大小、业务往来的频率、各公司验收程序的不同存在差异。销售企业的财务人员,必须对企业日常销售的处理业务相当明确,熟悉主要客户的开票要求,做好与客户的沟通工作,在满足客户要求的同时,又不耽误本公司正常的工作处理。

进项税发票的认证,既可以通过网上认证系统自行认证,也可以去税务机关认证。通常商品要比发票提前到达企业,企业在收好货物的同时还应确认发票的开具情况,在规定时间未收到发票时应与对方联系,索要或催开发票。增值税发票认证的期限为从开票之日起180天,目前当月认证的发票必须在当月抵扣。

月末,会计人员计算当月应该缴纳的增值税,并将其结转至"应交税费——未交增值税"科目。本课程只涉及应交增值税的"销项"和"进项"两个专栏,且销项税额大于进项税额。此时,应交增值税计提和缴纳的资金运动如图9—4所示。

其中,A段运动是企业购进业务时的资金运动,B段运动是企业销售业务时的资金运动,C段运动是期末进行结转未交增值税的资金运动,其会计处理为:

借:应交税费——应交增值税(转出未交增值税)

贷:应交税费——未交增值税

我国增值税按月申报,申报时间是次月 15 日前,所以增值税就形成了先行确认和后期支付,缴纳时的资金运动为图 9－4 中 D 段运动,其会计处理为:

借:应交税费——未交增值税

贷:银行存款

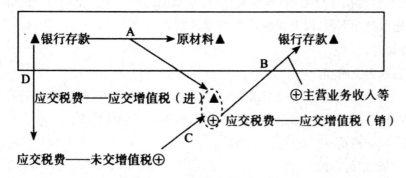

图 9－4　增值税的计提与缴纳

注:A——进项税额的发生

B——销项税额的发生

C——期末将"应交税费——应交增值税"的余额转入"应交税费——未交增值税"

D——缴纳上期应交未交的增值税

(二)综合税金

月末,在计提应缴增值税的同时,企业还应计提应缴纳的归属地方税收的税金(简称综合税金),主要包括城市维护建设税、教育费附加和地方教育费附加。计提的基数是当月应缴增值税和消费税之和(本书不涉及消费税),计提比率分别为 7%、3% 和 2%。计提综合税金的资金运动为图 9－2 中的 B_{31} 段运动,缴纳时发生 B_{32} 段运动。月末计提综合税金的会计处理为:

借:税金及附加

贷:应交税费——应交城市维护建设税

——应交教育费附加

——应交地方教育费附加

(三)其他税种的计提

正常月份,企业只需考虑计算增值税及计提的综合税金,但个别月份,如季度需要计提应缴纳的企业所得税(通过"所得税费用"核算,按季预缴,年终汇算清缴,但企业也可以选择每个月都缴纳和清算,此部分内容将在本节"利润的形成与核算"中详细介绍);半年度需要计提应缴纳房产税、土地使用税等;印花税中的购销合同通常是按季度缴纳;车辆购置税、车船税、契税、土地增值税,在实际发生时,确定缴纳和申报,以上税种通过"税金及附加"核算。

计提时:

借:税金及附加

　　贷:应交税费——应交消费税/资源税/土地增值税/车船税/印花税等

次月15日前缴纳,缴纳时根据完税凭证,做以下会计处理:

借:应交税费——应交×××税

　　贷:银行存款

(四)税费的申报和缴纳

目前我国国家税务局主要征收的项目有增值税、消费税和企业所得税,地方税务局主要征收的项目有城市维护建设税、教育费附加、个人所得税、土地增值税、房产税等。随着金税三期工程和防伪税控系统的不断升级,我国已经建成基于互联网的纳税服务平台,企业不用去税务局就可以完成各种税种的申报和缴纳。

申报的大致流程为:在金税三期系统中填写财务报表和增值税纳税申报表后,单击"申报";在防伪税控开票系统中,执行"抄税"和"扣款",即可完成自动申报和缴纳。企业也可自行打印完税凭证作为附件,编制缴纳税费的凭证,冲减上月计提税金。

四、结转分录编制的步骤

企业日常的经济业务,发生时多数有业务部门的通知和外来的原始凭证,如购货发票、支票存根、货运单据等,所以日常业务的会计处理是在取得原始凭证的基础上开展的,会计人员见到原始凭证进行账务处理,一般情况下不会有遗漏。但期末业务的会计处理,没有外来原始凭证,有些需要会计人员自制计算表作为附件,有些甚至不需要附件,所以期末结转,需要会计人员有一定的专业判断,同时要耐心且细心地进行账务处理。

　　月末编制计提、摊销和结转的凭证，前提是日常经济业务已经全部登记入账，所编制的转账凭证及先后顺序如图9－5所示。

　　值得说明的是，使用会计软件做账的单位，图9－5中每一批记账凭证完成以后，都要审核、记账，因为上一批凭证记账是下一批凭证的数据来源。比如，计提综合税金是在未交增值税的基础上，所以结转未交增值税的凭证需要先记账。同一批的记账凭证之间，没有数据传递关系，可以同时记账。

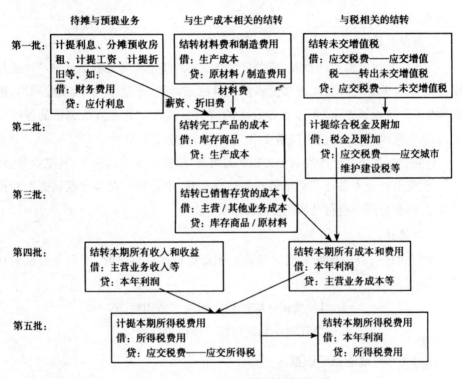

图9－5　月末计提、摊销和结转的顺序

五、利润的形成与核算

(一)利润的类型

1.营业利润

　　企业的营业利润是企业营业收入扣除营业成本、税金及附加、期间费用等之后的余额。其中，营业收入是企业经营业务所确认的收入总额，包括主营业务收入和其他业务收入;营业成本是指企业经营业务所发生的实际成本总额,包括主营业务成本和其他业务成本。

我们将发生直接计入当期损益的各种费用称为期间费用,包括管理费用、销售费用和财务费用。这样,营业利润的计算公式为

营业利润=营业收入－营业成本－税金及附加－期间费用－资产减值损失－公允价值变动收益＋投资收益＋资产处置收益＋其他收益

营业利润是企业最基本经营活动的成果,也是企业一定时期获得利润中最主要、最稳定的来源。

2.利润总额

营业利润加上营业外收入,减去营业外支出后便是利润总额。其中,"营业外收入"是与企业业务经营无直接关系的各种收入,如债务重组利得、盘盈利得、捐赠利得等,"营业外支出"是指企业发生的与企业经营业务无直接关系的各种支出,如债务重组损失、公益性捐赠支出、非常损失、盘亏损失等。

利润总额是企业生产经营各方面的最终成果,是企业主营业务、其他业务、对外投资、营业外业务各环节经济效益的综合反映,也是我们对企业获利能力和投资效益、利润分配等进行分析的主要依据。

3.净利润

净利润是指企业当期利润总额减去所得税费用后的余额,即企业的税后利润。其中:

所得税费用=应纳税所得额×适用税率
净利润=利润总额－所得税费用

(二)利润形成的账户设置

用于核算利润形成的账户很多,比如,"主营业务收入""其他业务收入""投资收益""营业外收入""主营业务成本""其他业务成本""管理费用""财务费用""销售费用""营业外支出""本年利润""所得税费用"等,有些账户,在第三章中已经介绍过,本章从账户结构的角度选取营业外收入、营业外支出、本年利润和所得税费用四个账户进行分析。

1.营业外收入

营业外收入账户属于损益类账户,核算企业发生的与其生产经营无直接关系的各项收入。其贷方登记企业发生的与其生产经营无直接关系的各项收入,借方

登记期末结转到"本年利润"账户的数额,期末结转后无余额。该账户可按收入项目设置明细账。取得收益时,发生 A 段运动,资金流入企业;期末结转时,资金由"本年利润"项目流入"营业外收入"项目,填平"⊕"。其账户结构和资金如图9—6所示。

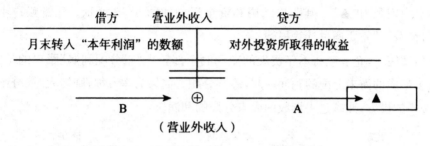

图9—6 营业外收入账户的结构与资金运动

2.营业外支出

营业外支出账户属于损益类账户,用来核算企业发生的与其生产经营活动无直接关系的各项支出。其借方登记企业发生的与其生产经营无直接关系的各项支出,比如,盘亏损失、公益性捐赠支出,贷方登记期末结转到"本年利润"账户的数额,期末结转后无余额。其账户结构如图9—7所示。有支出时,发生 A 段运动,资金流出企业;期末结转时,发生 B 段运动,资金流入"本年利润"项目。

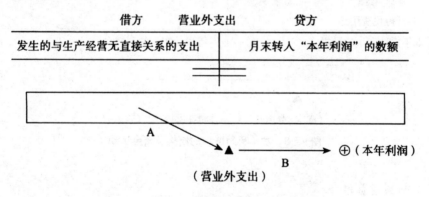

图9—7 营业外支出账户的结构与资金变动

3.本年利润

本年利润属于所有者权益账户,用于核算企业年度内实现的利润和发生的亏损。其贷方登记期末"主营业务收入""其他业务收入""投资收益""营业外收入"等收入类账户转入的数额,借方登记"主营业务成本""其他业务成本""管理费用"

"财务费用""销售费用""营业外支出"等费用类账户转入的数额。期末结转时,资金由本项目流向收入类项目,成本费用类项目的资金流向本项目,余额如果在贷方,表示企业自年初至本期期末累计实现的净利润数额,在会计沙盘中表现为"⊕";如果余额在借方,表示企业自年初至本期期末累计发生的净亏损数额,在会计沙盘中表现为"▲"。其账户结构和资金运动如图9-8所示。注意账户中的"所得税费用"需要通过计算得到。

年度终了,企业应将本年实现的净利润全部转入"未分配利润"账户的贷方,与过去形成的尚未分配的利润一起,等待分配。如果为净亏损,则转入"未分配利润"账户的借方,冲减过去形成的尚未分配的利润。

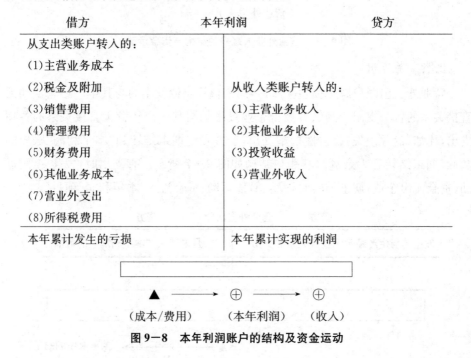

借方	本年利润	贷方
从支出类账户转入的:		
(1)主营业务成本		
(2)税金及附加	从收入类账户转入的:	
(3)销售费用	(1)主营业务收入	
(4)管理费用	(2)其他业务收入	
(5)财务费用	(3)投资收益	
(6)其他业务成本	(4)营业外收入	
(7)营业外支出		
(8)所得税费用		
本年累计发生的亏损	本年累计实现的利润	

▲ ⟶ ⊕ ⟶ ⊕

(成本/费用)　　(本年利润)　　(收入)

图 9-8　本年利润账户的结构及资金运动

4.所得税费用

所得税费用属于损益类账户,用来核算企业确认的从当期利润总额中扣除的所得税费用。其借方登记企业按税法规定的应纳税所得额计算的应纳税额,贷方登记转入"本年利润"的数额,期末无余额。其账户结构如图9-9所示。

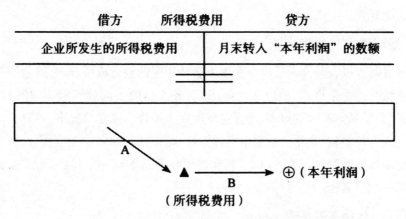

图 9—9　所得税费用账户的结构及资金运动

第二节　企业年末会计事项的处理

年末岁初是会计工作最繁忙的时候,其工作包括财产清查、年末结转、年终结账、年度财务报表编制、会计档案的整理、所得税汇算清缴、工商年报等,并开启下一年度会计工作。

一、企业年末会计工作内容

(一)财产清查

一年终了,财务人员不但要盘点现金、核对银行存款,还要进行实物的盘点、核实固定资产,进行往来账项的核对、确认、催收和清理。

(二)年末结转

年度终了,也要像其他月份一样,保证所有经济业务全部入账并结转损益。年末,企业还要对本年利润进行结转,完成利润的分配。

(三)年终结账

年度终了,财务人员要把各账户的余额结转到下一会计年度,如果是手工账簿,需要将本期余额"结转下年",并开启新的账簿,承接"上年结转"。目前大多数企业使用会计软件做账,只需在软件中执行年度结转,系统会自动完成结账及下年度账的开立。

(四)年度财务报表编制

年度财务报表是全面反映企业整个会计年度的经营成果、现金流量情况及年末财务状况的财务报表,所以年度终了,财务人员除了需要编制12月的月报以外,还需要编制年度财务报表,并报送年度财务报告。通常情况下,月报只需编制资产负债表、利润表和相关纳税申报表即可,年报还要编制现金流量表、所有者权益变动表和报表附注。另外,年度利润表反映的是本年和上年数,而月度利润表是本期和本年累计。

(五)会计档案的整理

财务人员应将会计凭证按顺序装订成册,不断号、不跳号;检查会计账簿是否齐全,画双红线结出年度余额和发生额;将会计报表、纳税申报表、抵扣票据、完税凭证等按规定打印装订。信息化环境下的电子档案,财务人员应做好档案资料的备份工作。

(六)所得税汇算清缴

年度终了,企业检查当年的税费缴纳情况,针对所得税查账征收的企业,要进行所得税的年终汇算清缴,按税法要求调整应纳税所得额,计算并清缴企业所得税,完成上一年度全年预缴税款的多退少补。

(七)工商年报

年度终了,财务人员需要到工商局网站上进行营业执照的"年报"。我国2014年将营业执照年检制度改为"年度报告"制度,企业自行通过信用信息公示平台填报各项资料,工商部门不再对其进行审查,企业对年报公示内容的真实性和有效性负法律责任。

二、利润分配的顺序

要弄清利润分配的顺序,首先要了解以下几个概念。

(一)利润分配

利润分配是指企业净利润的分配。企业实现的净利润,要按照国家有关的法律、法规以及企业章程的规定,在国家、企业和投资者之间进行分配。企业可供分配的利润,是企业当期实现的净利润加上年初未分配利润(或减去年初未弥补的亏损)和其他转入后的余额。

(二)盈余公积

盈余公积是企业从税后利润中提取形成的、存留于企业内部、具有特定用途的收益积累。本年实现的利润,要先提取盈余公积,才可以分配。

(三)未分配利润

未分配利润是企业留待以后年度分配或待分配的利润。从数量上来看,期末的未分配利润是期初未分配利润加上本期实现的净利润,减去提取的各种盈余公积和分出利润后的余额。

(四)留存收益

留存收益是企业从历年实现的净利润中提取或形成的,留存于企业的内部积累,是企业在经营过程中已实现但由于企业经营发展的需要或由于法定的原因等而没有分配给所有者所积累的盈利或亏损。留存收益主要包括两部分:盈余公积和未分配利润。

第一节　企业智能财务信息化整体规划

一、企业智能财务信息化概念架构

（一）软件架构与财务智能化功能架构蓝图

对于财务来说，软件架构这件事情听起来还是有点复杂的，说得通俗一点，就是要搞清楚，一个系统中有哪些构成部分，这些构成部分是怎样相互发生作用的。那么所谓的智能时代的财务信息化架构，就是要搞明白，和传统财务信息化架构相比，多了哪些构成部分，以及各部件之间相互作用的方式发生了怎样的变化。"有什么功能"可以称之为功能架构，功能加上交互关系后形成的架构可以称之为逻辑架构。而在实际的软件架构设计中，还有多个视角的架构理解，如开发架构、运行架构、物理架构、数据架构等。

（二）财务智能化功能架构蓝图解析

下面我们针对财务智能化功能架构蓝图逐一展开解析。

1.功能架构中的数据层

首先要说的是智能财务信息化架构下的数据层。和传统财务信息化架构相比，最重要的是数据的内涵发生了变化。在传统架构下，处理的主要是结构化数据；而在引入大数据技术后，结构化数据已经无法满足财务信息系统对数据的需求，非结构化数据被引入，并且成为非常重要的构成部分。

因此，在功能架构的数据层中，系统对结构化数据和非结构化数据同时提供相应的管理功能，从数据的采集管理、对接管理、存储管理等方面进行相应的功能支持。

2.功能架构中的智能引擎层

智能引擎层是架构中的另一个重要层次。之所以叫作智能引擎层,是希望在搭建智能时代财务信息系统架构时,能够对关键的支持技术进行组件化,并以引擎的形式来支持不同业务场景的应用。引擎层是一个公用的技术平台,在不同的应用场景中,能够灵活地调用相关引擎来实现配套的业务应用,从而实现整个财务信息化架构底层技术工具的共享。在智能时代的财务信息化架构中,可抽象出的引擎主要包括以下几个方面。

(1)图像智能识别引擎主要用于广泛地进行图片信息的识别,一方面,能够支持对结构化数据的采集;另一方面,也能够支持对非结构化数据的信息提取。同时图像智能识别引擎可以利用机器学习来提升自身的识别能力,从而扩大可应用的价值和场景。

(2)规则引擎作为初级人工智能应用,会在整个财务信息化中发挥重要的作用。通过灵活、可配置的规则定义,支持在财务流程中基于规则进行大量的判断、审核、分类等应用。规则引擎的完善,一方面,依赖于经验分析后的完善;另一方面,也将基于机器学习引擎来辅助规则完善。

(3)流程引擎无论在哪个时代都十分重要,好的流程引擎能够全面提升财务信息系统的水平。而在智能时代,流程引擎的驱动仍然是规则引擎,而规则引擎又基于机器学习得以完善优化,并最终带来流程引擎能力的提升。

(4)大数据计算引擎是相对独立的,基于大数据的技术架构,能够处理海量的包括结构化数据和非结构化数据的计算。大数据计算引擎的实现,能够使得财务在大数据方面的应用场景得到真正的技术支持,而不是传统计算模式下的伪大数据。

(5)机器学习引擎应当能够实现监督学习和非监督学习,通过大量的不同业务场景的数据学习训练,形成相应的优化规则,并依托规则引擎作用于各种业务场景中。从这个意义上来讲,机器学习引擎有些像规则引擎的后台引擎。

(6)分布式账簿引擎对于区块链的应用,需要在底层搭建各类分布式账簿,而我们可以考虑通过引擎化的方式,将这种分布式账簿的搭建变得更为标准和可配置。当然,这需要区块链技术实现进一步的抽象——从技术概念走向业务简易应用的概念。有了分布式账簿引擎,基于区块链的应用可以得到进一步的加速。

3.功能架构中的业务应用层

业务应用层是最重要的一个层次。在业务应用层中,我们从财务业务模块和技术两个角度实现了场景功能的匹配,从而形成了相对清晰的智能时代财务信息化应用的功能场景蓝图。它可以成为有意致力于智能时代技术深度应用的企业的思维导图,并据此展开规划和实践。下面我们从财务业务模块的视角来逐一说明。

(1)共享运营。如表 10－1 所示,对于共享运营来说,在智能化方面的应用场景是相对较多的,这也是由其作业运营的特点所决定的。信息技术的进步,本身对运营效率的提升就是最直接的。

表 10－1 共享运营场景与技术匹配

技术	功能模块
区块链	智能合约和智能核算
人工智能	智能图像识别、智能审核、智能风控、智能清结算
大数据	运营分析
移动互联及物联网	财务众包、电子发票
传统技术	派工调度

(2)资金/司库管理。如表 10－2 所示,在资金管理中与共享流程密切相关的部分已经被归入共享运营中体现,而针对资金管理和司库管理来说,其主要的应用在于提升基于大数据对资金和司库管理的分析、决策能力。此外,物联网技术对于账户 UKey、用印安全管理也将发挥重要作用。

表 10－2 资金/司库管理场景与技术匹配

技术	功能模块
区块链	跨境交易
人工智能	智能资金调度
大数据	投资管理、风险管理、流动性管理、资产负债管理、资金预测
移动互联及物联网	账户管理(UKey 和印章)
传统技术	融资管理

(3)会计报告。如表 10－3 所示,会计报告对新技术的应用主要集中在区块链对关联交易以及业财一致性的支持上。同时,类似于智能编辑,这样的场景可以应用于会计报告的智能化。而在这个领域,也会引发对未来套装软件是否能够支持智能化应用的思考。

表 10—3　会计报告场景与技术匹配

技术	功能模块
区块链	关联交易、统一会计引擎
人工智能	智能报告
大数据	报表分析
移动互联及物联网	无
传统技术	总账、应收、应付(等)、合并报表

(4)税务管理。如表 10—4 所示,税务管理在税务风险控制方面可以应用人工智能技术来进行支持,在税负分析、税费预测等领域也可以考虑引入大数据,充分利用企业内外部数据来提升分析质量。此外,税务管理中所涉及的不少应用场景也会前置到其他业务或财务系统中。

表 10—4　税务管理场景与技术匹配

技术	功能模块
区块链	无
人工智能	税务风险控制
大数据	税负分析、税费预测
移动互联及物联网	无
传统技术	增值税、所得税等分税种模块、税务检查、税务政策管理

(5)成本费用管理。如表 10—5 所示,成本费用管理在费用分析方面可以考虑与大数据相结合,而在移动互联网方面,可以进行服务及商品采购的前置和线上管理,从而获得更好的管控效果。

表 10—5　成本费用管理场景与技术匹配

技术	功能模块
区块链	无
人工智能	无
大数据	费用分析
移动互联及物联网	移动商旅、电商采购
传统技术	费用报销、项目管理

(6)预算管理。如表 10—6 所示,预算管理的技术应用主要集中在大数据方面,通过大数据,加强对预算预测和资源配置的管理能力的提升。

表 10-6　预算管理场景与技术匹配

技术	功能模块
区块链	无
人工智能	无
大数据	费用分析
移动互联及物联网	移动商旅、电商采购

(7)管理会计。如表 10-7 所示,管理会计本身在技术层面的起步就比较晚,因此它的实现仍然基于传统技术方式。但在管理会计报告的编制中,可以考虑采用智能编辑模式,盈利分析可以考虑引入广义数据,增强分析的实用性。

表 10-7　管理会计场景与技术匹配

技术	功能模块
区块链	无
人工智能	智能管会报告
大数据	盈利分析
移动互联及物联网	无
传统技术	收入分成、成本分摊、作业成本

(8)经营分析。如表 10-8 所示,在经营分析这个领域,大数据能够有较大的应用空间。通过数据范围的扩大、相关性分析的引入,经营分析能力能够得到提升。

表 10-8　经营分析场景与技术匹配

技术	功能模块
区块链	无
人工智能	智能经营报告
大数据	经营分析
移动互联及物联网	经营仪表盘
传统技术	绩效管理

二、企业智能财务与科技的信息化协同

在数据层面,从结构化数据到非结构化数据;在技术层面,大数据技术、机器学习、分布式账簿等新技术引擎将被广泛地应用到财务信息化中。

在应用场景中,一方面,传统的财务信息化应用场景会被优化,形成更为高效或有用的升级场景;另一方面,基于新技术的新应用场景也将大量涌现。在这样的背景下,财务部门内部、科技部门内部、财务部门和科技部门之间的协同变得更加复杂,也尤为重要。而我们不得不正视的是,在智能时代来临伊始,很多财务部门和科技部门都没有做好这样的准备,面对快速来临的技术革新,往往措手不及。

(一)来自协同问题的挑战

1. 财务部门内部信息化协同面临的挑战

阵脚往往是从内部开始乱起的。在智能时代财务信息化建设中,财务部门自身就面临着巨大的协同挑战。下面我们从两个方面来探讨财务内部的协同挑战。

(1)信息化建设在财务部门之间的分散

很多企业的财务信息化建设并没有实现统一集中的管理。在通常情况下,财务信息化建设是各个不同的职能部门从自身的业务需求出发进行的,比如,负责会计报告的部门建设了核算系统,负责预算的部门建设了预算编制系统,负责资金管理的部门建设了资金管理系统等。在这样的背景下,系统建设完成后,相关系统的后续运维和优化也保留在了相应的业务部门。从需求和系统建设的关联角度来看,这样的管理模式未必是坏事情,但是当不同部门管理的财务系统要实现整合、集成甚至内部平台化的时候,就会出现问题。部门间系统管理的割裂,成为系统间有效集成的障碍。而在智能时代,对数据和流程的集成提出了更高的要求,信息化建设在财务部门间的分散将成为掣肘。

(2)智能化认知程度在不同部门之间的差异

智能时代信息技术的广泛应用,需建立在财务的各个领域对智能技术达成共识,并且基于这种共识共同推动智能技术的基础建设上,在此基础上进一步架构不同业务应用场景。而如果财务的各个业务部门之间未达成同等层次的共识,则会造成不同部门在技术路径选择、资源投入等方面产生分歧。当然,分歧的产生并不一定会阻碍财务向智能化道路的迈进,但必然在这个进程中带来更多的争议和损耗,并最终造成这一进程的放缓。也不排除在极端情况下,因为分歧过于严重,使得整件事情回归原点。

2. 科技部门内部信息化协同面临的挑战

科技部门内部同样存在着信息化协同的问题。如果说财务的问题在于需求割裂和认知层次差异,那么科技所面临的是另一类协同问题。

（1）基于独立而非产品平台的后遗症

受到财务部门需求的影响，科技部门在建设系统时，往往也是根据财务的划分，建立了一个个不同的、独立的系统，在进行集成的时候，不同的系统之间进行数据的交互打通。在这种模式下，科技部门内部往往会为每个系统配备相对独立的项目团队。而由于财务部门本身缺乏统筹，科技部门内部也容易放任各财务系统的项目团队各自发展，并最终造成割裂。在这种情况下，就会产生后遗症。由于每个系统都是各自打地基的，地基之间无法打通，这造成各个系统的风格、管理方式不同，并导致用户体验差，且系统维护困难。而更严重的是，科技部门各个项目团队之间缺乏技术交流，一项新技术在某一系统应用后，其他系统团队毫不知情，更不要说技术共享了，这与智能时代高频技术革新的需求格格不入。

（2）新技术团队与传统财务科技团队的割裂

不少公司对智能化技术的研发往往并不是从财务开始的，更多的技术是为了满足业务场景研发出现的。一些企业在进行了大量业务场景的实践后，做了技术提炼，并构建了智能技术的各类实验室，如大数据实验室、区块链实验室、人工智能实验室等。而这些实验室在形成通用的技术基础后，又进一步反哺业务场景。在这个循环中，很遗憾的是，作为服务于后台业务的财务科技团队往往成为局外人。科技部门内部前后台团队的割裂，以及新技术实验室和传统实现团队之间的割裂，都可能让财务无法分享到最新的技术成果。

3. 财务部门与科技部门之间信息化协同面临的挑战

第三个协同挑战来自财务部门与科技部门之间。财务部门与科技部门之间本身存在着体系级协同的问题，二者是需求和实现的关系，在这个过程中必然容易出现协同的挑战。

（1）需求场景和技术对接渐行渐远

财务部门与科技部门之间对接的关键在于如何把业务需求转换为系统实现的语言。在传统的财务信息化阶段，这一直就是让人纠结的问题。很多企业的财务部门不了解科技部门的思维方式，而科技部门也难以理解财务和会计的语言，导致二者之间的需求转换往往会出现偏离。好在不少企业意识到了这个问题，并设法在二者之间设置了衔接团队，进行业务需求的转换。

但在智能时代，原本设置的衔接团队会面临更大的挑战。一方面，财务的衔接团队会发现，基于智能技术的需求场景的挖掘更加困难，由于对新技术的理解不够深刻，往往对这些智能技术能够做什么没有吃透，在这种情况下，显然更难以想清楚能够解决怎样的业务问题了;另一方面,科技部门也更容易沉迷于对技术本身的研发,成为"技术控",反而忽视了对财务应用场景的支持,就技术论技术,难以结合业务实际。这两个方面的问题最终造成需求场景和技术对接渐行渐远。

(2)条状对接和技术平台发生冲突

前面谈到,如果科技部门的组织设置与分散的财务模块相匹配,就会带来科技部门内部的协同问题。而如果仅仅科技部门单方进行努力,将其内部的割裂团队打通,形成技术平台,那么即使有所进步,也还是没有从根本上解决问题,反而会进一步引发新的问题,造成来自财务部门的条状需求和科技部门平台建设之间的冲突。

在科技平台化、财务分散化的模式下,财务信息化建设仍然分散在各个不同的财务部门内,而相关业务需求的提出是以各个财务部门条状向科技部门进行传达的。在这种情况下,已经实现了平台化的科技部门在面对这些时间不一、规划不一、深浅不一的需求时就会面临问题。由于无法进行像之前独立系统团队模式下的自主响应,科技部门内部需要对接收到的需求进行统筹评估,需要向需求方反馈平台的统一规则,并引导需求方去接受平台的约束。这一过程往往也伴随着大量的沟通和冲突。

4. 集团与业务单元之间信息化协同面临的挑战

和前面所关注的财务与科技之间的关系不同,集团和业务单元之间的信息化协同问题体现在了更高层面上。

(1)标准化和个性化的冲突

对于集团企业来说,如果财务信息化有条件构建在一个相对标准化的架构之上,那么这是一件好事情。在实践中,也有很多企业集团一直致力于实现这样的大集中架构模式。但是对于具有多元化特征的企业集团来说,要做到这一点极其不易。

集团内部的业务单元有其各自的业务发展诉求。特别是对于多元化集团来说,不同业态下的业务单元其个性化诉求尤为强烈。在这种情况下,要在集团层面建设一个相对标准化的平台来满足不同业态的个性化需求,就会造成集团标准化和业务单元个性化诉求之间的冲突。如果一味地满足集团的需求,业务单元的发展就会受到影响;而如果完全满足业务单元的诉求,对集团管控也会带来显著的伤害。如何平衡二者之间的关系,构建能够同时解决标准化和个性化诉求的平台成为核心问题。

(2)渐进和突发的冲突

在财务智能化建设的节奏上,对于集团来说,往往希望能够遵循所制订的计划,有条不紊地完成信息化建设。而对于业务单元来说,很多时候信息系统的建设需求存在突发性,往往为了解决业务痛点,需要进行紧急的系统建设。在这种情况下,对于集团来说,渐进的节奏会受到突发情况的冲击,如果无法及时对业务单元进行响应,则会加剧二者之间的冲突。而如果业务单元一味地强调自身的突发性,不考虑整个集团信息化建设的节奏,也会带来问题。渐进和突发的冲突是在集团企业信息化、智能化建设中不得不面对的挑战。

(3)在信息上二者之间穿透和独立的冲突

集团和业务单元之间还面临着信息"穿透"和"独立"诉求的冲突。对于集团管控来说,实现对业务单元的信息穿透是信息系统建设的重要诉求,要做到这一点,大集中的财务信息化建设模式是核心。但对于业务单元来说,保持其信息的独立性或私密性,也往往是其所希望做到的。二者之间的博弈关系一方面取决于集团管控的形态,另一方面也会夹杂着监管要求的影响。特别是对于上市公司来说,信息的独立性就存在监管要求,集团与业务单元在信息"穿透"和"独立"上的分歧或冲突是天然存在的。在刨除监管因素后,信息穿透力度更多的是取决于企业集团在管控模式上对业务单元的控制力度。

(二)智能时代财务信息化协同体系

在智能时代,我们将面对比在传统财务信息化模式下更加复杂的协同关系和协同挑战。对于我们来说,更加重要的是如何在困难和挑战面前积极应对,并有效地构建一套更加高效的财务信息化协同体系。在这里,我们从四个方面对智能时代财务信息化协同体系提出设想。

1.财务构建统一的信息化中枢

对于财务组织内部来说,要打破信息化的建设边界。打破边界的方法可以考虑在财务体系中构建统一的信息化中枢,这个信息化中枢可以是实体组织,也可以是虚拟组织。实体组织可以体现为财务信息化团队或部门的形态,如某领先互联网企业内部设有财经IT部、某大型国有商业银行有会计信息部这样的组织,这些实体化的专有组织能够在财务体系内部起到统筹协调的作用。而对于没有条件设立统一财务信息化团队的企业来说,可以考虑设立虚拟机构,如设置财务信息化管理委员会之类的跨部门统筹组织。尽管它在力度上弱于实体组织,但也能够起到一定的统筹协调作用,并且在财务信息化架构搭建和重大项目的推进过程中发挥重要作用。

2.科技面向财务的团队和架构的私人订制

对于科技部门来说,要实现与财务的紧密协同,应当考虑构建面向财务提供服务的专属团队。在这样的专属团队中,应当从组织架构上打破传统按业务模块独立设置团队的模式,构建能够更好地匹配未来的平台化架构,包括专属需求分析团队、架构师团队、公用平台研发团队和场景实现团队面向财务的私人订制。需求分析团队应当能够有效支撑智能技术与财务需求团队的对接;架构师团队能够站在产品化和平台化角度,科学构建财务信息化架构;公用平台研发团队应当能够打通财务各业务模块的底层,对可公用的技术功能进行组件化研发,并实现在不同业务场景中的应用;而场景实现团队则在公用平台的基础上,针对不同的业务场景需求来进行技术实现。通过这样一个平台与客制化相结合的科技团队组织来实现对财务智能化的有力支持。

3.科技内部市场化实现新技术引入

对于科技内部各类"黑科技实验室"之间的协同,不妨考虑引入市场化机制。由于各类"黑科技实验室"主要的服务对象是企业的业务场景,而对于作为后台的财务场景来说,要想获得大力度的支持并不容易。在这种情况下,引入市场化机制,通过内部交易的形式,向"黑科技实验室"付费购买相关技术支持,能够充分调动"黑科技实验室"协同的积极性,也能够更好地从机制上让财务和业务站在同一条起跑线上。当然,并不是所有企业都有条件去建立内部市场化机制,必要的时候,寻求行政命令资源的支持也是可行之路。

4.集团推行产品平台并定义自由度

对于集团企业来说,要满足标准化与个性化的平衡,不妨考虑将集团自身视为财务智能化产品的提供商,在集团层面构建基于产品化理念,设计信息化平台。在产品的设计过程中,集团应当充分引入业务单元来进行产品化需求的论证和设计,通过大量的调研形成需求,并最终搭建平台。各个业务单元在实际部署信息化时,集团将其当作一个产品客户,通过进一步的需求调研,引入实施方法论,在产品化平台的基础上进行配置实施和少量且可控的客制化开发。

通过这种模式,集团财务能够搭建一个开放式的财务智能化产品平台,并借助平台实现管理的标准化和自由度的定义。

在财务智能化进程中,财务与科技的协同是一个技术与艺术并存的话题,找到合适的平衡点、实现双赢是财务智能化之路成功的关键。

第二节　企业智能战略财务创新

一、企业智能战略财务框架详解及智能增强

财务管理的各项工作内容都会受到新技术的影响,包括直接的技术影响,以及智能技术改变整个社会、经济形态后带来的间接影响。

(一)战略与业务

1.框架详解

战略与业务框架详解,如表 10—9 所示。

表 10—9　战略与业务框架详解

项目	说明
战略解读	能够深度理解公司战略目标,并清晰、准确地解读公司管理层达成的战略共识,预判公司战略将对整个企业带来的影响
财务与战略配合	能够将财务管理与公司战略目标的达成路径相匹配,明确公司战略目标对财务资源的需求及对财务管理的要求,实现财务工作对战略的有效配合与支持
公司资源及计划的管理参与	深度参与到公司经营计划的制订与管理过程中,能够站在财务视角评价业务部门经营计划设置的合理性,使经营计划与财务能力更加匹配
财务资源配置管理	能够根据战略目标的达成路径与经营计划,有效地进行资源配置管理,对资源的投向和投入产出效率、效果进行管理
与业务单元的沟通	能够站在一定的战略高度上展开财务与业务部门的对话,通过充分的沟通建立业财的协同能力

2.智能增强

智能时代的到来对企业的经营将产生重大影响,各行各业在这个过程中都或多或少会被智能化改变。或许你所在的企业会成为智能服务的提供商,或者成为智能技术研发的参与者,也可能在当前的业务模式中引入智能化工具,创新商业模式,提升竞争力。无论如何,智能化对企业未来的经营将会产生重要的影响。部分公司会在战略层面进行调整,也有一些公司会进行战术层面的适配。

战略财务要能够敏锐地跟上企业战略和经营变化的步伐,主动对公司的战略或战术改变提供支持,而非被动响应。在这场智能化变革中,战略财务的积极参与能够让我们赢得主动,更好地体现财务对公司战略和经营决策支持的价值。被动响应将使得财务无法与业务站在同一对话层次上,从而导致业务部门自行构建或弥补战略财务能力的不足。这一现象在信息化时代已经有大量的案例,但愿历史不会重现。

(二)财会控制机制

1.框架详解

财会控制机制框架详解,如表 10—10 所示。

表 10—10　财会控制机制框架详解

项目	说明
财务与会计制度管理	完善的财务与会计制度体系是企业财会控制机制的基础,企业需要建立多层次的、立体的科学制度体系框架,建立制度发布、修订、废止的完整管理循环和管理机制
内部控制	建立内部控制体系,基于内部控制框架展开相关管理工作,关注控制流程的完整性、控制措施的有效性等问题。从财务视角更多地关注财务组织、制度、流程、信息系统相关领域的内控体系建设
内部审计与稽核	以财务制度及合规要求为依据,采用多种手段获取审计与稽核线索,展开相关的线索调查,发现风险事件或案件,取证形成结论后,并给予相应的纪律处理
财务与会计制度管理	完善的财务与会计制度体系是企业财会控制机制的基础,企业需要建立多层次的、立体的科学制度体系框架,建立制度发布、修订、废止的完整管理循环和管理机制

2.智能增强

首先,智能化对财务的影响是全面的。因此,财务的管理模式、流程体系、系统支持方式都会发生一定的改变。作为财务管理的支持保障,财务制度体系也必然受到影响。在制度体系层面,应当结合智能化对财务系统、流程带来的影响进行必要的完善和调整。

其次,内部控制方式会因智能化发生改变。智能技术能够加强内部控制能力,可以在内部控制体系中引入更多的智能化工具,更重要的是因为智能化的到来,内部控制环境会发生重大改变,更多的财务管理工作将基于大数据、人工智能的模式,对这些看不见的流程或财务管理工作如何实施内部控制,将成为新的课题。

而对于内部审计与稽核来说,智能化的影响最直接。在智能时代,人工智能将取代大量的财务操作人力,依靠算法的机器处理将取代依靠人的行为的业务处理,审计的范畴将从传统的审计向算法审计和 IT 审计转变。而在审计和稽核的手段上,基于大数据的远程稽核将成为主流模式。同时,企业依靠大数据监控,能够更早地发现风险线索,由传统审计与事后追责向事前预防转变。

(三)价值管理

1.框架详解

价值管理框架详解,如表 10-11 所示。

表 10-11　价值管理框架详解

项目	说明
产权管理	能够从产权建立、变动、退出的各个环节对产权进行全过程管理,建立清晰的产权地图,通过对产权的优化来实现对财务报告、风险管理、融资能力等各方面的优化
营运资本管理	能够对企业经营过程中的流动资产与流动负债进行管理,从而合理地确定营运资金量,在满足经营需求的情况下,合理地节约营运资金,提高资金周转率,保障短期偿债能力
现金流量管理	能够以现金流量作为管理的重心,兼顾收益,围绕企业经营活动、投资活动和筹资活动构建现金管理体系,对当前或未来一定时期内的现金流动,在数量和时间安排方面进行预测与计划、执行与控制、信息传递与报告以及分析与评价
经济附加值管理	能够在清晰计量债务成本和股本成本的基础上计算经济附加值,公司每年创造的经济增加值等于税后净营业利润与全部资本成本之间的差额。在企业绩效评价中引入经济附加值,更加客观地反映企业的价值创造能力。能够驱动管理者关注利润创造过程中的资本投入成本,提升资本使用效率
新业务价值管理	对于特定行业,如寿险行业会高度关注新业务价值,在考核中引入新业务价值管理,能够更好地反映寿险业务的长期性特征,更好地避免管理层短期行为和代理问题,更好地驱动长期资源配置和战略决策方向
并购价值管理	能够帮助企业在并购过程中清晰地评估并购企业价值,进行财务和税务尽职调查,通过优化资本资产结构、合理设计股利分配方案等方法,帮助企业实现并购后整体价值的提升,优化被并购企业进行财务管理的能力,提升并购价值

2.智能增强

对于价值管理来说,大数据是智能增强的技术核心。在大数据之上辅以机器学习,能够挖掘出更多的智能增强场景。

对于产权管理来说,基于规则的初级人工智能以及大数据技术能够辅助进行产权风险管理,帮助我们在风险出现的早期更加及时地识别和防范风险。

对于营运资金管理和现金流量管理来说,大数据可以帮助我们发现更多的管理线索,且大数据结合机器学习,能够为企业经营提供更强大的预测能力。经营预测更可靠,将在营运资本和现金流量预测方面带来价值。

在并购价值管理中,借助大数据的相关性分析,能够发现更多可能提升并购价值的举措线索。这些管理线索有可能在最终的并购价值创造中发挥重要作用。

(四)经营分析与绩效管理

1.框架详解

经营分析与绩效管理框架详解,如表 10-12 所示。

表 10-12 经营分析与绩效管理框架详解

项目	说明
KPI 体系搭建	能够根据企业的经营目标,结合业务特点,设置有清晰导向作用的 KPI(关键绩效指标)体系。KPI 体系应当构建由根指标、衍生指标组成的指标树,并定义指标口径,明确指标的维度和计算方法,明确指标的目标值设定逻辑。指标体系应当有可靠的日常管理和维护机制
经营分析报告	能够提供有决策支持价值的经营分析报告,形成经营分析报告的层次化体系、报告的日常管理和归档体制,针对报告中的问题能够有效地展开深入的专题分析,形成既有广度又有深度的经营分析能力
绩效考核制度搭建及奖惩执行	构建绩效考核制度,将 KPI 和经营分析报告的运用与绩效考核形成有机整体。绩效考核体系能够与业务目标的达成紧密结合,并能够切实地影响业务部门的经营行为,使其成为企业战略落地的重要驱动工具。绩效考核应与管理者的晋升、奖金等形成紧密的联系
投入产出管理	能够对企业经营过程中的各类日常或项目化投入建立起投入产出的评价机制。将投入产出率作为资源投入的重要财务评价指标,建立清晰的投入产出模型,并予以执行运用
市场对标管理	能够对企业的核心经营情况展开市场对标,进行与市场同口径平均水平的对比评价,定义和识别关键竞争对手,并与竞争对手就关键经营指标进行对标,对标结果可用于 KPI 的目标值设定

续表

项目	说明
重大关键项目管理	能够对重大财务投资项目进行全生命周期的专项管理,对项目的四算(概算、预算、核算、决算)以及项目的投产、关键阶段的 KPI 等进行全面的财务评价和财务管理

2.智能增强

智能化技术将对经营分析的视角和工具方法带来影响。从分析视角来说,传统经营分析所受到的数据的局限性将被打破。在大数据的基础上,能够从因果分析向相关性分析增强。由于数据的边界从企业内部延展到社会化数据,对于KPI、经营分析报告、市场对标等职能都可能获得更加可靠的数据基础,从而对经营分析结果的可用性带来更大的帮助。

而在工具方法方面,大数据和云计算的结合应用将使得经营分析获得更加灵活和丰富的分析能力。二者的结合,能够为经营分析提供更加强大的数据采集、数据捕获和数据处理能力,使得经营分析的边界得到大大的延展。同时,大数据的非结构化数据的处理能力,也能够帮助企业经营分析更好地面对市场上与企业相关的热点信息的处理,将新闻、微信、微博等社会化媒体的信息纳入经营分析的视野。

此外,人工智能技术的发展,也将使得经营分析方法从经验分析向算法分析演变。这使得更为复杂的分析能够得以实现。同时,基于机器学习、算法的自我优化,能够使得经营分析能力实现持续的提升。

二、企业智能的预算管理新思路

在战略财务的框架下,全面预算管理一直是不容忽视的范畴,但其在企业经营管理中所发挥的作用却饱受争议。

(一)预算管理就是资源配置

当股东设定了经营目标后,业务单位要达成这些经营目标就需要匹配相应的资源。如果从契约的角度来看,把预算作为一种契约,那么一方是企业的股东,另一方是企业的经营者。资源本质上属于股东,业务单位作为经营者向股东承诺经营目标,而股东向经营单位承诺支持其实现经营目标所需要的资源。当然,当经营目标达成后,还有相应的绩效激励,这又是另一层次的契约关系。

因此,在企业进行预算管理的过程中,预算编制的核心是提出股东和经营单位都能够接受的资源配置方案,也就是在经营目标承诺和资源承诺上找到平衡。

那么预算要考虑哪些资源分配的问题呢? 企业经营无外乎"人、财、物"三件事情,资源配置也可以理解为人力配置、财务配置和资产配置。

企业中的经营管理也是一样的,合理地配置人力、财务以及资产资源,是企业战略目标得以实现的重要保障。

(二)资源配置的难题

想做好资源配置,并不是说说那么简单,那么在进行预算,也就是进行资源配置的过程中会遇到怎样的问题呢?

1.契约双方的信任问题

和所有的契约关系相似,资源配置同样要解决资源所有者和资源使用者之间的信任问题。资源所有者追求的是资源投入产出结果的最大化。因此,他们在投入资源时会高度关注产出的结果,并要求获得资源接收方的绩效承诺。同样,对于资源使用者来说,也需要在承诺绩效目标后获得必要且及时到位的资源支持,避免在资源不足的情况下进行经营,而最后为不良绩效结果担责。当然,对于资源所有者来说,最常见的还是担心经营单位存在道德风险,比如,经营者是否会通过虚构经营目标或过度承诺,以获取资源满足其短期利益目标等。

2.资源配置的标准问题

那么应该采用怎样的标准来进行资源配置呢? 在实际的预算过程中,资源配置标准的形成并不容易,太多的因素会挑战所设定的标准。而一旦无法形成相对清晰的标准,资源配置的过程往往就会成为一个谈判的过程,很容易陷入缺少逻辑的拉锯战中。

3.资源配置的效率问题

资源配置的效率一直是企业预算管理活动中很头疼的一件事情。在预算的全过程中存在太多的博弈。很多公司从九、十月份开始启动预算编制工作,直到来年的三、四月份才能完成预算的定稿。而在月度的资源配置活动中,如果缺乏高效的系统支持,很多公司根本难以做到精细化的月度资源配置管理。在这种情况下,月度预算往往成为年度预算下简单的"按月分解"。

4.资源配置的效果检验问题

当完成资源配置后,就会从讨价还价的博弈循环进入承诺兑现的博弈循环。在这个过程中,对于管理者来说,最困难的是如何验证资源投放的效果和达成情况。尽管我们说最终的经营绩效指标能够反映出经营单位的绩效达成情况,但在过程中,基于任务、项目等设立的资源配置标准往往很难立刻通过财务或数字验证其实现的效果,而此时又经常需要启动基于此次项目任务进一步延展的后续资源投入,这对管理者来说需要面对是否去进行"前款未清,借后款"的管理决策。

(三)大数据资源配置:抓热点,抓相关性

当企业认识到资源配置的难点后,就一直在试图寻找解决这些问题的方法,而预算管理的理论、方法和工具在这一过程中得到丰富和完善。

在契约双方的信任关系方面,一些公司试图通过签订绩效承诺书来保障契约关系;在资源配置标准方面,一些公司通过设定模型的方法来总结提炼预算标准;在资源配置效率方面,一些公司通过建立预算编制系统来优化编制流程;而在效果检验方面,一些公司选择刚性的"以收定支"。但我们也不得不认识到,在传统方式下对资源配置管理的优化终将达到瓶颈,要实现突破,需要寻找新的契机。而大数据恰恰在这一方面带来了新的机会。

1.热点驱动资源投放

所谓的热点驱动就是在保持经营目标相关性的前提下,哪里吸引眼球,哪里有热度,哪里需要资源,我们就将资源投放在哪里。但在传统财务模式下要做到这一点是非常困难的,如果仅仅凭借企业管理者对市场的经验感知,那么是很难在经营活动中进行管理决策的,而大数据技术为解决这一问题提供了新的可能。

(1)制定经营战略

首先,和传统的预算编制模式一致,在编制预算之前,必须明确企业的战略导向,这从根本上决定了要不要投放资源、在哪里投放资源和怎么投放资源。当然,在这个层面上,战略很可能是相对宏观的,它更多的是未来一段时间内大的经营方向和经营策略,我们无法直接基于公司的战略来展开更为清晰的预算,也就是资源配置工作。

(2)分析战略热点

如果要想更好地衔接战略与资源配置,就必须更清晰和细化地拆解战略,也就是形成战略热点。当然,这里所说的热点和后面要谈到的基于大数据分析的热点是有所不同的,还需要依靠企业的管理经营者对企业所设定的战略目标进行细分,从管理逻辑层面定位战略在落地时需要重点关注的目标。例如,企业将智能化发展作为核心战略时,需要在技术、产品、客户、渠道等多个方面来发现其战略热点,如在产品方面定位为无人驾驶技术,在客户方面定位为女性出行者(不要当真),在渠道方面定位为自营门店等,这些热点将为后续的资源配置起到一个大方向的支撑作用。

(3)基于大数据发现经营热点

在有了战略热点后,我们仍无法有效地从管理角度进行资源配置。实际上,经营单元在战略热点明确后,就已经对需要做什么、大概需要多少资源有了一个初步的概念。很多时候,经营者就会基于这样的一个概念开始和管理层讲故事了。在传统模式下,我们通常对这样的故事只能选择"信"或"不信",当然,如果故事中间的逻辑线索相对清晰,可能更容易获得管理者的信任,并获得资源。而如果在这个时候引入大数据分析,则可能会对传统的资源配置模式有所改变。

在被动模型下,需要经营单元基于战略热点进行经营热点的主动设计,模型要做的事情是基于企业内外部大数据,对经营热点与战略热点的关联热度进行分析。在主动模型下,以战略热点为出发点,基于内外部大数据,发现与战略热点分层次的关联市场热点,将关联度高的市场热点纳入经营热点中,也同样作为资源配置的对象。

(4)基于经营热点进行资源投放

通过这样主动与被动的热点分析,我们能够建立以战略热点为圆心的经营热点辐射地图,并以这个地图的辐射半径为标尺展开资源配置,接近圆心的经营热点需要投放更多的资源。在具体确定资源投放额时,我们可以以战略热点构建资源池,将资源首先投放到战略热点资源池中。以经营热点为项目,向战略资源池申请资源。在资源申请的审批过程中,我们可以引入热度评估,优先将资源投放到高热度的项目中,从而避免发生先到先得、抢资源的情况。

(5)资源的兑现使用

所谓资源兑现,就是契约双方基于预算事项实际发生的费用。在实践中有两种兑现方式,一种是把钱先花出去,目标是否达成后续验证;另一种是用之前的存量资源先把事情干了,根据目标的达成情况再批准可以获得多少可用资源干后面的事情。实际上,这两种方式都存在一定的问题。前者建立在管理者对执行者信任的基础上,而一旦承诺的经营目标没有达成,就会损害管理者的利益;后者的根本逻辑是管理者并不信任执行者,要求其先拿自己的资源干事情,事情干成了,再回来报账,这种方式对于执行者来说也并不公平。而当我们引入经营热点作为资源投放依据后,信任问题得到了一定的缓解,使用第一种方式进行资源兑现就会更可行且合理。

2.资源投向和业绩达成的相关性分析

大数据除了在预算编制阶段能够发挥重要作用,在预算分析阶段也能够有所建树。在传统预算分析下,我们很难去评价每个类似于项目经营计划、经营方案和经营结果之间的达成关系。

但实际情况是,所用掉的资源有些对经营目标起到了正贡献,有些则发生了副作用。而无论最后考核结果如何,这种正负作用都是存在的,只是说谁的力量更大一些罢了。

当引入大数据来辅助预算分析后,情况可能有所改观。通过构建模型,我们可以试图建立每一个能够项目化的资源投入与经营结果之间的量化关联度指数。要做到这一点,并不是简单地做一个数学模型,而是需要将所有项目进行元数据化,同时把经营结果也元数据化,并建立起项目元数据与经营结果元数据之间的关系网络。我们需要监控这个关系网络中每一个项目发生资源投入时,通过元数据关系网络连接的经营结果发生变化的强度,并最终将这些变化强度归纳为关联度指数。

有了这样一套关联度指数,我们就能够精确评价资源投放的效果了。在这种情况下,我们能够更好地积累经验,更加有效地评价绩效,并优化未来的资源投放策略。

当然,以上关于大数据在资源配置方面的应用还停留在笔者的设想阶段,有待实践进一步验证。但无论如何,大数据时代的资源配置是有可能迈出这一步的,只是时机和力度的问题。

参 考 文 献

[1]严玉康,秦岚. 小企业会计基础[M]. 上海:立信会计出版社,2019.

[2]罗绍明,刘芳. 小企业会计基础[M]. 上海:立信会计出版社,2019.

[3]王泓玉. 建筑企业基础会计[M]. 北京:机械工业出版社,2019.

[4]李爱红,施先旺,马荣贵. 会计学基础基于企业全局视角[M]. 北京:机械工业
出版社,2019.

[5]薛琳. 基础会计[M]. 北京:北京理工大学出版社,2019.

[6]吴福喜. 会计基础[M]. 杭州:浙江大学出版社,2019.

[7]李政,赵桂青. 基础会计[M]. 北京:北京理工大学出版社,2019.

[8]颜玉玲. 基础会计[M]. 天津:天津科学技术出版社,2019.

[9]颜剩勇,廖文军,罗文兵. 基础会计学[M]. 沈阳:东北财经大学出版社,2019.

[10]仲怀公,周莎. 基础会计模拟实训[M]. 北京:北京理工大学出版社,2019.

[11]周虹,耿照源. 会计学基础[M]. 杭州:浙江大学出版社,2019.

[12]何廷高,饶玮,吕斌. 会计学基础[M]. 苏州:苏州大学出版社,2019.

[13]李国田,杨贵兴. 基础会计[M]. 厦门:厦门大学出版社,2019.

[14]刘俊勇. 管理会计[M]. 沈阳:东北财经大学出版社,2019.

[15]邢广陆,朱传霞. 电子商务会计基础[M]. 北京:北京理工大学出版社,2019.

[16]缪启军. 会计基础与实务第 5 版[M]. 上海:立信会计出版社,2019.

[17]王巍,贾娜. 企业会计基础[M]. 上海:立信会计出版社,2018.

[18]廖海燕. "十二五"职业教育国家规划教材高职高专施工企业会计基础第 4 版
[M]. 大连:大连理工大学出版社,2018.

[19]陈国辉,迟旭升. 基础会计[M]. 沈阳:东北财经大学出版社,2018.

[20]陈德英. 基础会计[M]. 上海:立信会计出版社,2018.

[21]李冬辉. 基础会计[M]. 北京:中国铁道出版社,2018.

[22]孔丽. 基础会计[M]. 天津:天津大学出版社,2018.

［23］陈云娟,汪静.会计基础能力实训［M］.上海:上海财经大学出版社,2018.

［24］陈文铭.基础会计习题与案例第 6 版［M］.沈阳:东北财经大学出版社,2018.

［25］曹键.金融企业会计［M］.北京:中国财富出版社,2018.

［26］赵盟.基础会计第 2 版［M］.沈阳:东北财经大学出版社,2018.

［27］马春英,姜昕主编;徐丽军,吴留全副主编.会计学基础第 2 版［M］.沈阳:东北财经大学出版社,2018.

［28］吴敏,林波.基础会计［M］.上海:上海财经大学出版社,2018.

［29］朱玉洁,习成龙,等.基础会计［M］.西安:西安电子科技大学出版社,2018.

［30］李云宏,王娜,等.基础会计［M］.北京:中国经济出版社,2018.

［31］赵捷,曾晓霞.基础会计［M］.上海:上海交通大学出版社,2018.

［32］何振华.基础会计［M］.北京:中国商业出版社,2018.

［33］朱晓佳,樊立洁.基础会计学［M］.长沙:湖南师范大学出版社,2018.

［34］盛强.会计基础第 2 版［M］.北京:北京理工大学出版社,2018.

［35］韩沚清,赵丽萍.基础会计学［M］.徐州:中国矿业大学出版社,2018.